KB271760

고령자 고용활성화 전략

고령자 고용활성화 전략

김대빈 / 이금룡

한국학술정보㈜

차 례

표 차 례

그림 차례

제1장 서 론

제1절 연구의 목적

우리나라는 이미 고령화 사회로 진입했다. 고령화 사회가 도래하면서 생성되는 사회문제는 노인의 빈곤문제를 비롯한 노인의 질병문제와 소외와 역할상실의 문제 일 것이다. 그 중에서도 가장 중요한 정책의제는 노인의 소득보장을 전제로 한 취업 문제이다. 특히 일 할 수 있는 의욕과 능력을 가진 고령자에게 일터를 제공하여 자력으로 생활할 수 있는 수입의 보장과 함께 삶의 보람과 자부심을 갖게 하는 것이다. 고령자의 취업문제는 날로 증가하고 있는 연금과 복지급여의 재정부담을 줄일 수 있는 계기도 마련할 수 있다.

현대 산업사회는 노동을 제공하고 이에 따른 금전적 급부라는 원칙을 가지고 있어 노동의 제공이 효율적이지 못한 고령자는 결국 빈곤할 수밖에 없다. 더구나 우리나라 고령자는 연금제도나 퇴직금, 개인연금 등의 소득보장체계에는 대부분 가입할 수도 없었다.

선진외국은 사회보장제도를 발전시켜서 연금과 복지급여로 노후생활을 보장하는 것은 물론, 퇴직연령을 65세, 70세로 연장하고 고령자에게 적합한 직종과 프로그램을 개발하여 가급적 취업의 기회를 제공하는 정책을 실시하고 있다. 우리나라는 사회보장제도도 미흡한 상태이고 전통적 미덕인 경로효친사상과 부모동거부양의식도 퇴색해가고 있으며, 강제 퇴직하는 정년연령도 55세 전후로 선진국에 비해 10년 이상 빠르다.

고령자를 위한 취업정책을 시혜적이고 임시적 구빈정책으로 보는 시각이 있는데 이는 잘못된 것이다. 우리나라에서는 고령에 따른 능력의 저하를 퇴직이유로 들고 있지만 이는 기회균등의 헌법정신에 위배되는 차별대우이다. 노인도 헌법상 일할 수 있는 권리와 인간다운 생활의 보장을 요구할 수 있는 권리가 있고, 국가는 이를 보장할 의무가 있다. 신체 장애인이 헌법상의 기회균등의 원칙을 제기하면서 일할 수 있는 편의시설과 작업공정을 개발하여 장애인 취업의 확대를 요구하듯 고령자에게도 적합한 직종을 개발하고 직업 재훈련을 실시하여 고령자 고용촉진과 재정지원을 강화해야 한다.

ILO는 고령 노동자에 관한 권고에서 연령의 증가로 인하여 근로자가 곤란에 직면할 가능성을 배제하기 위해 ① 각 가맹국은 고령 노동자에 대하여 고용 및 직업에 있어 차별대우 방지조치를 취하고, ② 고령노동자가 직업지도, 직업소개를 받는 경우에 다른 노동자와의 기회 및 대우가 균등히 이루어져야 하며, ③ 고령 노동자가 적절한 조건하에서 계속 고용될 수 있도록 조처해야 하며, ④ 일정 범위 내에서 강제적이 아니라 임의적 퇴직이 보장되어야 하며, ⑤ 노령연금이 부여되는 연령을 탄력적으로 적용할 것을 권고 하였다(황진수, 2000).

고령자 취업과 인력활용에 관한 연구는 노인 복지적 측면에서도 중요하지만 사실은 국가발전의 중요한 과제로 상정하여야 한다. 고령화 사회의 사회적 환경은 노인의 직업안정도모는 물론 보다 나은 경제사회를 위한 제도와 정책을 계발하여야 한다. 따라서 고령자의 경제 참여와 함께 노인의 삶의 질 향상, 사회의 기생적 존재가 아닌 당당한 구성원으로서 그 지위를 확보하여야 할 것이다.

현재 우리나라는 고령자를 둘러싸고 있는 환경적 요소가 열악하고 이를 해결하거나 극복하기 위한 정책적, 행정적 대안은 기대수준에 크게 못 미치고 있는 실정이다. 또 고령자를 위한 소득보장의 체계는 정부정책도 미약하고 민간기관의 역할도 미비한 상태이며, 개인이 노력하여도 도저히 성취할 수 없는 단계에 머물러 있다고 볼 수 있다. 이러한 국가 환경적 차원에서 고령자의 취업촉진이 '생산적 복지'라는 차원에서 고령자의 재취업을 위한 전략방안이 모색되어야 할 것이다. 이는 그동안의 고령자 고용을 위한 정책대안이 현실적인 벽에 부딪치고 있었으며, 앞으로도 획기적인 대안 모색이 없을 경우 같은 맥락에서 공회전만 거듭될 것이기 때문이다.

특히 우리사회는 조기정년이라는 제도적 장치에 의하여 50대 중반 이후의 고령근로자들이 반 강제적인 형태로 직장을 떠나게 되어 본인과 그 가족원들까지 경제·심리적 어려움을 겪고 있는 실정이다. 조기정년으로 인해 55세의 정년마저 채우지 못하고 퇴직하는 각종 명예퇴직 현상이 점차 확산되고 있는 오늘의 현실에서 고령자 고용에 대한 대책을 마련하지 못한다면 머지않아 다가올 고령사회에서는 더욱 많은 문제점으로 사회적 혼란을 겪게 될 것이다. 예상되는 문제점들은 노인부양비 증가로 인한 사회보장비 지출증가, 생산연령 인구층의 부족으로 인한 노동력 부족, 그리고 평균수명의 연장으로 인하여 퇴직 후 오랜 여생을 무위하게 보내는데서 올 수 있는 심리·정서적인 문제 등을 들 수 있다. 아울러 고령화에 따른 복지수준의 질적 향상으로 인해 고복지·고부담의 딜레마에 빠져들 수도 있다.

본 연구는 이러한 문제의식에 따라 우리나라에서의 고령자 고용을 위한 효율적인 법적·제도적 체계를 구축하는 것을 그 목적으로 한다. 구체적으로는 다음과 같은 내용을 연구하고자 한다.

첫째, 현재의 고령자 고용정책과 프로그램측면의 법적·제도적 문제점을 파악한다.

둘째, 다가오는 고령사회에 대비한 고령자인력관리의 적절성과 시행에 따른 문제점을 파악한다. 셋째, 고령자고용정책의 전달체계와 시행상의 문제점을 파악한다.

넷째, 이상의 문제점분석을 통해 고령자고용정책의 합리적인 대안을 제시한다. 여기에는 고령자인력관리의 적절성을 높이는 방안과 정책의 효율적 집행을 위한 방안도 포함한다.

궁극적으로 본 연구는 고령자고용과 관련된 정부의 정책부서는 물론, 고령자고용을 담당하는 기관, 그리고 일반취업알선단체에도 적용될 수 있는 대안을 제시함으로써 고령자고용환경의 개선에 기여하는 것이 목적이다.

제2절 연구의 범위 및 방법

1. 연구의 범위

본 연구의 범위는 다음과 같다. 첫째, 본 연구는 기본적으로 노인복지에 관한 것이지만 연구대상을 55세 이상의 고령자로 하였다. 이에 따라 노인복지법과 고령자고용촉진법을 함께 검토하였기 때문에 전개 과정에서 노인과 고령자, 취업 및 고용과 사회적 일자리 또는 포괄적 의미에서의 복지라는 용어가 혼용되었다. 본 연구에서는 노인의 복지라는 목표를 지향하되 구체적으로는 취업이나 고용, 사회적 일자리 등을 묶어 고용으로 통일 하였으며, 구체적 용어의 설명은 2장 1절에서와 같다.

둘째, 본 연구에서는 노인과 고령자를 "고령자"로 용어를 통일하였다. 연구 대상의 연령 범위가 노인복지법에서는 65세 이상을 노인으로 규정하고 있고, 고령자고용촉진법에서는 55세 이상을 고령자로 규정하고 있지만 55세 이상의 고령자 범위에는 65세 이상의 노인도 포함되기 때문에, 기존의 용어나 명칭에서 반드시 노인이라고 지칭할 경우를 제외하고는 일반적으로 고령자로 통일 하였으며 상호 교환적으로 사용하는 경우도 있었다. 다시 말해 연구의 대상을 사회적으로 정년퇴직 이후의 고령자, 경제활동인구에서 사실상 제외된 55세 이상의 고령자를 대상으로 하였다.

셋째, 연구중점을 우리나라 고령자의 고용활성화로 하였다. 이를 위해 법적. 제도적으로 조직화 하고, 체계화 하는데 두었다. 노인문제 가운데서 노인의 건강문제보다는 경제문제 해결에 중점을 두었으며, 특히 일하기를 원하는 건강한 고령자에게 일자리를 마련해 줌으로써 역할상실과 수입 감소라는 문제를 해결하고자 하였다.

넷째, 고령자 고용활성화 정책을 추진하기 위해서는 국가의 역할과 기업의 역할 그리고 고령자 당사자의 의식개혁 차원 등 전반적인 연구가 이루어져야 하고, 당근과 채찍의 방법이 동원 되어 궁극적으로는 고령자 고용이 활성화 되는 상생의 원칙을 제시하여야 하지만 본 연구에서는 국가의 역할에 국한 하였고, 기업의 역할과 당사자의 의식개혁 차원은 제외 하였다. 즉 기업에 대해서는 기업의 이익과 상충되는 질문에 대한 성의 있는 응답을 기대하기 어렵고, 고령자를 대상으로 정책적 함의를 도출하기에 한계가 있기 때문에 고령자에 관해서는 기존의 선행연구를 활용하였다. 따라서 본 연구는 취업 알선담당자를 통해 기업의 입장과 취업을 원하는 고령자 당사자들의 입장을 알아보았다.

한편 본 연구에서는 저 출산과 고령자의 조기 퇴직 등으로 경제활동 인구가 감소되는 상황이 고령자 취업에 어떻게 영향을 미칠 것인가 하는 문제와 정년연장의 제도적 문제는 제외 하였다. 현재 연령기준 때문에 고령자들이 노동시장에서 배제되어 있는 연령차별적 관행은 시급히 해결되어야 할 문제이지만 본 연구에 이를 포함할 경우 연구범위가 넓어지게 되어 본 연구에서는 고령자고용과 관련한 범위로 한정하였다.

2. 연구의 방법

본 연구는 이론적 탐구와 실증적 분석을 통해 고령자 취업에 대한 문제점을 파악하고, 구체적인 개선방안을 도출하였다. 이론적 연구를 위하여 고령자 고용의 국내외 각종 문헌과 통계자료를 포함한 정기간행물 등을 수집하여 이를 분석하는 문헌조사를 하였고, 실증적 연구를 위하여 전국의 노인 및 고령자 취업알선센터 그리고 노인복지관 및 종합사회복지관의 취업담당자를 대상으로 delphi 방법1)에 의한 설문조사를 통하여 분석하였다.

본 연구에서 주로 사용한 자료는 크게 문헌고찰과 설문조사로 나

---

1) 델파이기법은 위원회나 전문가 토론, 또는 다른 형태의 집단토론에서 나타나는 여러 가지 왜곡된 의사전달의 원천을 제거하기 위하여 고안되었다. 즉 소수인사에 의하여 토론과정이 지배되는 현상, 동료집단의 견해에 따라야 한다는 압력, 개성 차이와 참여자간의 갈등, 권위 있는 지위에 있는 사람들의 의견에 공공연하게 반대하는데 따르는 어려움 등 여러 가지 문제를 피하기 위하여 설계되었다. 이러한 문제점들을 해결하기 위하여 다음과 같은 다섯 가지 기본원칙이 강조된다. ① 익명성(anoymity); 전문가와 참여자들은 익명성이 엄격하게 보장된 개인으로서 답변한다. ② 반복(interation): 개개인의 판단은 집계하여 몇 회에 걸쳐 참가한 모든 전문가들에게 다시 알려주고, 이렇게 함으로써 사회학습의 기회를 제공하고 이전의 판단을 수정할 수 있도록 한다. ③ 통제된 환류(controlled feedback): 질문지에 대한 응답을 요약수치로 나타내어 종합된 판단을 전문가와 참여자들에게 전달한다. ④ 응답의 통계처리(statistical group response): 개인의 응답을 요약하여 최빈수, 중위수, 또는 평균 등 중앙 경향값, 사분편차 등 산포도, 막대그림표, 도수다각형 등 도수분포의 형태로 제시된다. ⑤전문가 합의(expert consensus): 예외는 아니지만 이 기법의 주요목표는 전문가들 사이의 합의가 도출될 수 있는 조건을 마련하여 합의된 의견을 찾아내는 것이다(남궁 근, 1998; 179-180).
본 연구에서 델파이기법을 사용한 이유는 다음과 같다. 모든 조직이론가들은 어떤 조직이 효과적인가는 가치판단의 문제이며, 모든 조직에 적용되는 보편적인 기준은 없다고 인식한다. 특히 고령자의 고용을 해결하기 위한 방안들은 광범위하고 다양하기 때문에 적절한 성과의 기준을 찾는 것은 더욱 어렵다. 따라서 고령자 고용을 위한 보편적이고 객관적인 방안을 찾기 위하여 고령자 고용을 직접 운영·관리하고 있는 전문가들(실무책임자)의 인식에 근거하여 고령자 고용을 위한 함의를 도출하기 위함이다.

눌 수 있으며, 이 과정에서 고령자 취업정책 관계자들의 interview 등을 통한 실무적 자료를 수집하는 방법을 병행하였다. 고령자 취업 관련 담당자들의 인지도와 만족도의 실증분석 방법으로는 고령자 취업정책의 제도적 측면과 취업 프로그램 측면으로 분류하고 그 범위 내에서 설문조사를 실시하였다.

고령자 취업의 제도적 측면에서는 법·제도와 행정·재정으로 구분하고, 취업프로그램 측면에서는 우선고용직종과 사업실천기구 등으로 구분하였다. 따라서 본 연구는 다음과 같은 방법과 절차에 의해 진행하였다.

첫째, 이론적 내용분석을 실시하였다. 즉 본 연구의 이론적 배경을 검토하기 위하여 국내외 서적과 논문, 정부기관의 통계자료 등을 활용한 문헌조사를 실시하였다

둘째, 비교연구를 실시하였다. 비교 대상국은 고령자 취업에 대한 시각이 보편주의 입장이면서, 비교적 일찍부터 고령자 취업정책을 수립하고 질적인 취업개발을 위해 노력한 미국과 일본을 선정하였다. 외국의 고령자 취업정책을 비교함으로써 우리 현실에 맞는 고령자 고용정책 수립에 필요한 새로운 정책적 대안이나 프로그램에 대한 아이디어를 얻을 수 있기 때문이다.

셋째, 장애인고용촉진공단과 장애인직업재활 및 고용촉진법에 대한 비교연구를 하였다.

넷째, 고령자취업정책에 대한 실증적인 분석을 위하여 고령자 고용 관련 전문가와 고령자 취업알선센터 담당자, 그리고 지역사회시니어클럽의 취업 담당자들을 중심으로 설문조사를 실시하였다. 자료수집 방법으로는 우편물 발송, 회수방법과 방문하여 개인면담도 병행하였다.

마지막으로는 탐색적인 측면에서 비교연구와 경험적 연구방법을 통하여 현 고령자 고용정책의 문제점을 취업 담당자의 인지도와 만

족도를 중심으로 분석하여, 이에 대한 합리적인 해결방안을 강구하
는데 필요한 정보 산출과 대안제시에 중점을 두었다.

<그림 1-1> 연구방법 및 절차

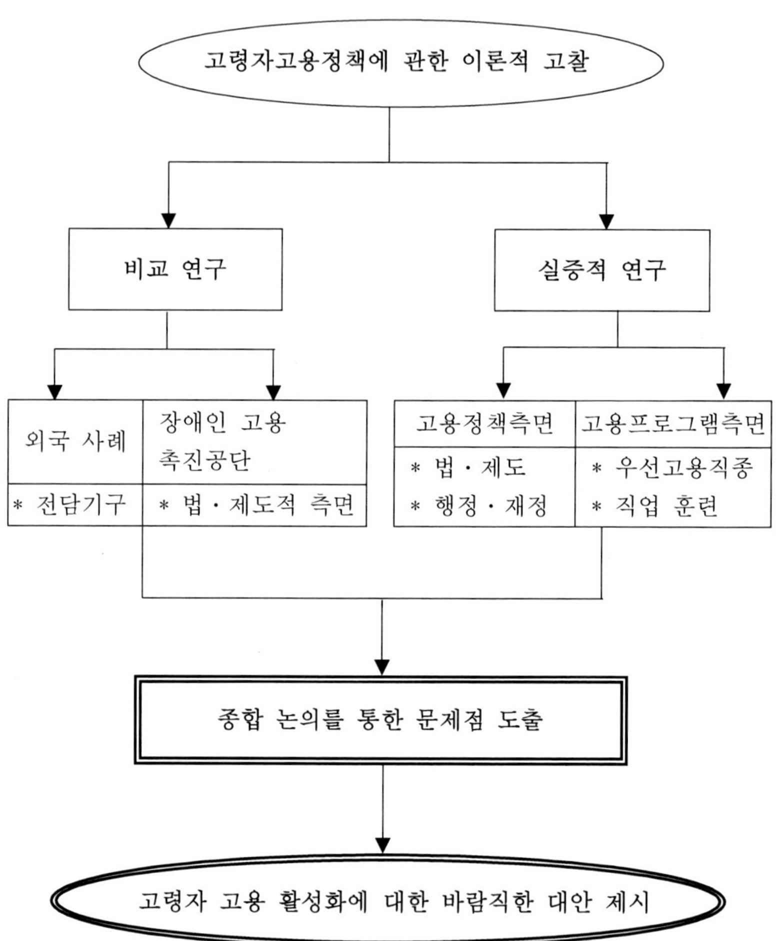

제2장 고령자 고용 관련 이론적 고찰

제1절 고령화 사회의 노인과 고용

1. 노인과 고령자의 개념 및 특성

1) 노인의 개념 및 특성

(1) 노인의 개념

노인의 개념을 엄밀하고 정확하게 규정하기란 그리 쉬운 일이 아니어서 노인복지법에서도 역연령(만 65세 이상)으로만 정의되어 있으며, 연구자간에도 정설이 없다. 노인의 개념을 규정하는데 있어서의 학계의 견해는 두 가지로 대별되는데 그 중 하나는 노인 자체의 몇 가지 특성을 들어서 개념 규정을 하는 것이다. 예를 들면, 1951년 7월 미국 세인트루이스시에서 열렸던 제2회 국제 노인학회에서 내려진 노인에 대한 정의를 들 수 있는데 그 내용을 살펴보면 다음과 같다. 즉 ① 환경변화에 적절히 적응할 수 있는 자체조직에 결함이 있는 사람, ② 자신을 통합하려는 능력이 감퇴되어 가고 있는 시기에 있는 사람, ③ 인체의 기관, 조직, 기능에 쇠퇴현상이 일어나고 있는 시기에 있는 사람, ④ 생활체의 적응성이 정신적으로 결손 되어 가고 있는 사람, ⑤ 조직 및 기능저장의 소모로 적응 감퇴현상에 있는 사람이 노인이라고 규정되어있다(박재간, 2002).

다른 하나는 Atchley(1994)의 역연령, 기능적 능력, 인생주기, 인지나이를 기준 한 것으로 먼저 역연령은 출생 후 달력의 시간에 의한 연령으로 일반적으로 65세 이상인 사람을 노인으로 규정하고 있다. 국제적으로 65세는 각종 연금의 혜택이 주어지고 정년퇴직을 하는 시기로 되어 있어 국가간 비교를 위한 65세 이상 인구는 사회통계에서 흔히 볼 수 있다. 둘째, 기능적 연령으로 개인의 신체적, 심리적 기능 정도에 따라 노인으로 규정하는 것이다. 보편적으로 적용되는 기준은 주름진 피부, 회색 머리, 굽은 자세, 시력 및 청력 감퇴 등이나 실제로는 이러한 기능적 쇠퇴는 점진적으로 진행되는 경우가 많아서 판단을 내리기가 용이하지 않다. 그러므로 이러한 지표는 학문적인 연구, 법적 적용, 사회적 프로그램 등에 드물게 적용된다. 셋째, 인생주기에 의한 노인의 정의이다. 흔히 우리는 신체적, 심리적, 사회적 특성을 종합적으로 고려하여 인생을 영·유아기, 아동기, 청소년기, 중년기, 장년기, 노년기로 나눌 수 있다. 이때 각 인생주기의 역연령 경계는 불명확하나 각 단계마다 보편적으로 일어나는 성향들이 있다. 노년기에는 신체적 쇠약, 심리적 위축, 사회적 역할 상실 등을 경험하게 된다(유성호 외, 2002). 넷째는, "개인의 지각에 의한" 연령을 노인의 지표로 지적하기도 한다(홍숙자, 1999), 이는 개인적으로 스스로 노인이라고 여기는 나이를 중요시하는 입장이다. 신체적, 심리적, 사회적 노화는 개인차가 있으므로 주관적인 종합판단으로 노인을 정하는 것이다.

이러한 관점들을 종합하면 노인이란 인간의 노령화 과정에서 나타나는 생리적, 육체적, 정신적, 환경적 기능이 감퇴되거나 퇴화됨은 물론 심리적 변화로 개인의 자기유지기능과 사회적 역할 기능이 약화되어 정상인으로서의 기능에 지장을 받고 있는 사람이라고 정의할 수 있다(이계탁, 1998).

(2) 노인의 특성

노인이 되면 사회적 역할이 상실되고 이로 인한 수입의 감소가 초래된다. 한편 의료 및 보건기술의 발달로 평균수명은 연장되었으나 노화에 따른 건강악화로 유병장수(有病長壽)하고, 노년기의 여러 가지 상황변화로 인해 쉽게 소외와 고독감에 빠지게 된다. 이 외에도 결혼한 자녀와 따로 사는 노인부부, 독신의 노인 단독세대가 증가함에 따라 노인의 부양·보호문제, 늘어나는 여가시간을 보람 있게 보내는 문제 등도 중요한 이슈로 등장하고 있다(장인협·최성재, 1999).

이러한 현상은 개인과 사회에 따라 차이는 있지만 누구나, 어느 사회나 필연적으로 당면하게 되는 문제들이다. 과거에는 노인 개인의 문제, 가족의 문제로 여겼지만 노인인구의 증가와 더불어 우리 사회가 공동으로 대처해야 하는 사회문제로 등장하게 되었다. 중요한 것은 노인문제는 복합적으로 연결되어 있다는 점이다. 예를 들면 건강악화로 인해 부양과 보호문제가 제기되고, 경제적 부담이 되며, 동시에 노인의 고립과 소외를 느끼게 되는 등 노인은 이중, 삼중의 문제를 안고 있는 경우가 많다.

노인의 특성인 건강악화와 수입 감소 그리고 역할상실과 소외와 고독에 대해 자세하게 살펴보면 다음과 같다.

첫째 건강악화이다. 노인의 걱정거리나 관심사로 건강문제는 큰 비중을 차지한다. 한국보건사회연구원 조사에 따르면 65세 이상 노인의 87%가 장기간 치료나 요양을 필요로 하는 관절염, 고혈압 등 만성퇴행성 질환을 갖고 있고, 조사대상 노인의 31.9%가 식사, 목욕 등 일상생활동작의 일부에 장애가 있고, 3.5%는 활동을 스스로 하기 어려운 것으로 나타났다. 또한 정신건강 장애노인도 증가하는 추세인데, 2000년 현재 치매노인은 전체노인의 8.2%에 이르고 있다(최성재, 2000).

둘째, 수입 감소이다. 1988년에 국민연금제도가 시작된 후 대상자가 농어민(1995년도)과 도시 자영업자(1999년도)까지 확대되어 전 국민의 기본적인 노후생활이 보장되는 시대가 오기는 했지만 여전히 현재의 노인에게는 노후의 경제적 안정이 해결되지 않고 있으며, 외

환위기 이후 더욱 어려운 현실이다. 보건복지부 자료에 의하면, 2001년 4월 현재 64세 이하 인구의 2.6%(111만 4천명)가 국민기초 생활보장의 혜택을 받는 반면, 65세 이상 노인인구의 10.7% (35만 9천명)가 국민기초생활보장수급자인 것으로 보면 노인의 소득수준이 상대적으로 열악한 것을 알 수 있다. 우리나라 대부분 노인들은 자신의 노후 대비는 소홀히 하고 주로 자식들의 교육, 결혼 등에 많은 비용을 투자하였다. 특히 퇴직에 따른 경제적 수입의 감소는 노후생활비와 여가활동 등 생활전반에 영향을 끼치는 중요한 요인이다. 퇴직이후 노후생활은 연금, 퇴직금, 저축, 재산수익 등에 의존하게 된다. 서구사회에서 노후 생활이 대부분 연금제도에 의해 보장되고 있는 것과는 달리 우리나라는 아직까지 노후생활비의 주 수입원이 자식에게 의존하고 있는 경우가 많다(정경희, 1998).

노인의 취업욕구도 높아서 한국노인문제연구소(2000) 조사에 따르면 63.9%의 노인이 일할 곳만 있다면 일하기를 희망하였다. 노인이 취업을 희망하는 이유로는 생활비와 용돈 등 경제적인 이유가 높게 나타났다. 이와 같이 노인들이 취업을 원하는 비율은 높으나 고령자의 재취업은 노화와 생산성의 감퇴, 차별임금, 법적 보호의 미약 등으로 인해 현실적으로 어려운 실정이다.

셋째, 역할상실이다. 산업화 사회에서는 생산기술의 기계화, 사무자동화 등으로 생산에 필요한 노동력이 감소하게 되었다. 이에 따라 젊은 세대와 노인세대간의 역할에서 경쟁이 생겼고 신체적, 정신적 기능이 감퇴되는 노인세대는 젊은이에게 뒤지게 되므로 사회적 역할로부터 물러나는 퇴직이 제도화되었다(고양곤, 1999). 이에 따라 노인은 사회적으로 직업적 역할을 상실하게 되었으며, 가정의 생활비를 제공하던 가장의 역할도 상실하면서 노인의 집안 내 권위도 낮아지게 되었다

그러나 현대사회에는 퇴직 후의 적절한 역할과 규범이 확립되어

있지 못한 실정이다. 과거 전통사회의 노인들은 가정 내에서는 전통의 전수, 개인상담, 손 자녀 교육, 집안의 대소사를 도맡아서 하는 중요한 역할을 해왔으나 현대사회가 대가족제도에서 핵가족제도로 바뀌면서 가정생활도 부부중심, 아동중심으로 되어가고 있고, 집안일도 전자제품의 보급으로 기계화, 간편화되면서 노인은 보조적, 주변적 역할만 담당하게 되어 소외된 위치에 놓이게 된 것이다(유성호 외, 2002).

넷째, 사회적 및 심리적 고립과 소외이다. 현대사회는 교육의 대중화로 인하여 자녀세대는 부모세대보다 일반적으로 교육수준이 높다. 교육수준에 따른 세대간의 지식수준의 차이와 사고방식의 차이는 세대간의 갈등과 고립의 원인이 된다. 그리하여 자녀 부모세대간의 행동양식, 사고의 차이는 대화의 단절, 노인집단의 소외감을 초래하게 된다. 또한 현대화의 특징 중 하나인 도시화는 지리적 이동을 유발하여 농촌 젊은이들의 도시 유입이 증가됨에 따라 세대간의 공간적 고립을 가져왔다.

한국노인문제연구소(2000)가 조사한 자료에 따르면 노후 생활에서 문제가 되는 것이 무엇인지를 물어본 질문(복수응답)에서 경제적 빈곤(56.2%), 건강(55.4%)이 높은 비율이고, 다음으로 가정·사회로부터의 소외(27.6%)가 지적 된 것은 현대사회에서의 노인 자살율이 점점 높아지고 사회문제화 되는 것과 관련지어 시사하는 바가 크다. 연령별로는 연령이 높을수록 고독감을 많이 느꼈으며, 교육정도에 따라서는 교육수준이 낮을수록 고독감을 느끼는 비율이 높게 나타났다.

이와 같은 결과는 연령이 높고 교육정도가 낮은 노인일수록 사회참여의 기회가 적고 역할 상실이 크며, 자식에게 의지하는 경향이 높아, 무위에서 오는 고통과 경제적 빈곤 등이 노인의 고독감을 증대시키고 있는 것이다. 노인들이 느끼는 고독감은 정도의 차이는

24

있지만 급속한 사회변화와 핵가족화 현상, 개인주의가 팽배하는 사회구조적 특성은 앞으로 노인의 외로움, 고독감을 더욱 가중시킬 것으로 본다.

2) 고령자의 개념 및 특성

노인과 유사한 용어로 고령자라는 용어가 있다. 이는 고령자고용촉진법에서 규정하는 만 55세 이상인 자를 말한다. 우리나라는 지난 40년간 평균수명이 크게 늘어나 1960년 52.4세 이던 평균수명이 2001년 현재 평균 76.5세에 이르고 있다. 그러나 이와 같은 수명 연장과는 무관하게 일반기업에서는 정년연령이 거의 큰 변화 없이 55세를 전후로 제한되어 있다.

이와 같은 현상은 실질적으로 55세를 전후해서 생계수단을 잃게 되는 것을 의미한다. 따라서 생계수단인 직장을 잃은 이후 취업방안을 논의함에 있어서 노인(65세 이상)보다 고령자(55세 이상)의 시점을 기준 하는 것이 타당하다고 보아 본 연구에서는 반드시 노인으로 지칭해야하는 경우를 제외하고는 용어를 고령자로 통일하였고, 각종 자료를 고령자를 기준 하되 자료에 따라서는 혼용하는 경우도 있다.

3) 기타 용어의 사용

본 연구에서 사용되는 고용과 취업 그리고 사회적 일자리 등에 대한 용어를 연구목적상 다음과 같이 정의 하였다.

(1) 고용과 취업: 고용이란 당사자의 일방이 상대방에 대하여 노무를 제공하고 상대방이 이에 대하여 보수를 주는 것을 말한다. 또 고용이라는 말이 자영과 가족근로를 포함한 취업의 의미로 해석될

때도 있다(김중희, 2002). 따라서 본 연구는 연구목적상 고용과 취업을 같은 개념으로 사용하였다.

(2) 사회적 일자리: 사회발전이나 국민의 삶의 질 향상을 위해 꼭 필요하나 수익성이 낮아 민간시장에서 배제된 일자리, 즉 교육, 의료, 사회복지, 환경, 지역사회개발 등에서 주로 비영리조직에 의해 창출되는 일자리(보건복지부 내부자료, 2003)를 말한다. 본 연구에서는 고령자에게 적합한 일자리, 일을 통한 사회참여로 보람된 노후생활을 할 수 있는 일자리로 정의 하였다.

2. 고령자 고용에 관한 이론적 배경

인구 고령화현상이 가속화됨에 따라 노화와 노인문제에 대한 이론적 조망도 점차 주요한 관심사가 되었다. 인간의 노화와 그에 따른 노인문제는 사회적 관계와 상황 속에서 이루어지므로 노화가 사회적 요소에 어떤 영향을 주는지, 혹은, 그 반대로 사회적 요소가 노화에 어떤 영향을 미치는지를 중심으로 여러 노년학이론들이 형성 발전되었다. 대부분의 이론들은 사회구조와 노인 개인, 노인의 역할과 사회적응 및 생활만족, 노인집단과 사회와의 역학관계 등에 관한 것들이다(김형수, 2002).

지금까지의 노년학 이론들은 크게 두 가지로 분류할 수 있다. '하나는 노년학 이론들을 세대별로 분류하여 논제, 반대논제와 종합법을 대표하는 3세대로 분류하여 개념화하는 것이고, 다른 하나는 노년학이론을 세부적으로 분류하여 각각의 이론의 특성과 한계를 지적하는 것이다'(김형수, 2002; 46).

전자는 시대적인 변화에 따른 노년학 이론들의 전개과정에 관심을 표명한 것으로 1세대이론들은 사회구조적 측면을 무시하고 개인적 요소에 초점을 맞춘 것으로 분리이론, 활동이론, 하위문화이론들이 포함된다. 2세대이론들은 고령화는 사회구조적 장치의 결과로서 검토되어야 한다는 이론으로 현대화이론과 연령계층화이론이 이에 해당되며, 3세대이론은 1세대와 2세대를 통합하는 종합이론으로서 개인들과 사회구조의 역동적 상호작용을 탐구하고자 하였다. 3세대이론 군에는 사회와해이론과 교환이론, 정치경제사회학적 접근, 세계체제이론 등으로 3세대이론은 노인들이 사회의 지속적 관계 속에서 발전된다는 점을 강조하고 있다(문인숙, 1992).

노년학이론의 또 다른 분류는 사회학 이론적 전통과 관련하여 분류한 체계이다. 노년학 이론들은 직 간접적으로 관점을 달리하는 네 가지의 사회학이론(구조기능주의, 갈등론, 상호작용론, 교환이론)에 기반 하여 발전하였다.

노년학이론 중 분리이론, 현대화 이론, 연령계층이론 등은 구조기능주의적 시각에 기초를 두고 있고, 정치경제학 시각과 세계체계이론은 갈등이론적 특성을 지니고 있으며, 상징적 상호작용론은 활동이론, 사회와해이론, 하위문화이론 등의 노년학분야에 이론적 기초를 제공하였으며, 교환이론도 다양한 노인문제의 양상을 이해하기 위해서 적용되었다.

<표 2-1> 사회학이론과 노년학이론의 관계

사회학 이론	노년학 이론
구조 기능론	- 분리이론, - 현대화 이론, - 연령 계층론
갈 등 론	- 정치경제학적 시각, -세계 체제이론
상호작용론	- 활동이론, - 사회와해이론, - 하위문화이론
교 환 이 론	- 교 환 이 론

주: 유성호·김형수(2002), 노인복지론, p.47에서 재인용.

1세대에 속한 노년학이론들은 구조기능주의와 상징적 상호작용론에 기초하고 있고, 2세대이론들은 구조기능주의 이론적 틀 속에서 조망할 수 있으며, 3세대이론들은 상징적 상호작용론과 교환이론 및 갈등 이론적 요소가 복합적으로 존재한다고 볼 수 있다(유성호・김형수, 2002).

따라서 본 절에서는 고령자 고용과 관련해 미시적 측면에서 상징적 상호작용론의 관점인 활동이론과 거시적 측면에서 구조 기능론적 관점의 현대화이론, 그리고 갈등론적 관점의 정치・경제학적 접근을 중심으로 살펴보고자 한다.

1) 활동이론

활동이론은 보다 적극적으로 사회활동에 참여하는 노인일수록 생활만족도가 높다는 입장이다. 노년기에도 계속적으로 다양한 활동에 참여하고 적극적으로 사회적 역할을 수행함으로 행복감이나 만족을 느낀다는 이론이다. 이 이론에 의하면 노인들은 퇴직과 배우자 상실 등 각종 역할 상실을 경험하게 되는데 자아의 긍정적인 개념을 유지하기 위하여 노인들은 노후에 상실한 역할들을 새로운 역할들로 대치하여야 한다. 즉 성공적인 노후를 보내는 노인이란 될 수 있으면, 중년기의 활동을 그대로 유지하며, 축소될 때를 위하여 새로운 대안을 강구함으로써 여전히 자신의 활동적인 삶을 영위하는 사람이다(구자순, 1998).

노인의 사회적 활동의 참여정도가 높을수록 노인의 심리적 만족감 또는 생활 만족도는 높다는 것이다. 따라서 노화를 긍정적으로 맞이하는 경우는 활동을 지속적으로 유지하는 노인으로서 그들은 사회와의 상호작용을 감소시키려 하지 않음으로써 생활만족도가 높은 반면, 퇴직이후 감소하는 사회활동을 그대로 방치하는 노인일수록 매

28

우 낮은 생활만족도를 경험하게 됨을 조사하였다(이철우, 1999).

이처럼 활동이론은 활동참여 →역할지지 →긍정적 자아유지 →높은 생활만족도라는 인과적인 심리적 메카니즘을 가정하고 있다. 다시 말해서 활동이론은 모든 노인들이 높은 수준의 사회활동참여를 필요로 한다는 것이다(김형수, 2002).

활동이론에 따르면 굳이 Job(고용측면의 일)이 아니라도 Work(복지측면의 일)를 통해 노인의 삶을 질적으로 향상시키기 위해 노인의 활동은 필요하다.

따라서 본 연구에서는 활동이론을 기초하여 분석대상이 되는 제도들이 고령자고용이라는 수단을 통하여 얼마나 고령자들의 활동연장을 효과적으로 보장하는가를 살펴보고자 한다.

2) 현대화이론

현대화이론은 노인의 지위는 특정사회의 현대화(산업화)정도와 반비례적으로 현대화의 정도가 높을수록 노인의 지위는 낮아지게 된다고 가정한다. 전통적인 사회에서는 노인들은 희소자원의 통제와 전통적인 지식을 수단으로 높은 지위를 점하였으나 산업화된 사회에서는 노인들은 낮은 지위에 속하게 된다는 것이다. 노년사회학에서 노인문제를 개괄적으로 다룰 수 있는 이론은 사회가 현대화되면서 노인의 지위는 하락한다는 현대화이론으로 요약하면 다음과 같다. '① 현대기술의 등장은 평균수명을 연장시켰고, 이는 세대간의 경쟁력과 정년퇴직제도를 초래하였다. ② 경제발전에 따라 노인의 작업은 시대에 뒤떨어지고 도시환경에 맞는 새로운 직종이 창출되었다. ③ 도시화에 따라 인구이동과 연령, 사회경제적 지위에 따른 사회분리 현상이 나타났다. ④ 교육제도의 확대로 젊은 세대는 그들의 부모나 조부모 세대보다 많은 교육을 받게 되었다'(구자순, 1998: 27).

한편 수정화된 현대화이론에서는 현대화이론은 현대사회에서 노인문제의 발생원인을 사회변화의 맥락으로 조망하였다는 점에서 노년학 연구에 기여한바가 적지 않지만 이 이론은 현대화 이전에는 노인의 지위가 높았다는 가정에 근거하지만 사회역사가들은 산업화 전 사회에서 노인들이 높은 대우를 받았다는 논의를 일축하고 과거에 노령기가 황금시대였다는 신화를 비판하고 있다. 그리고 산업사회에서는 노인의 지위가 낮지만 후기 산업사회에서는 오히려 노인의 세력이 증가되어 지위도 높아질 것이므로 현대화에 따라 계속적으로 하락하지 않을 것이라는 주장이다. 그리하여 Cowgill(1974)은 산업사회에서 노인의 지위는 낮아지다가 후기산업사회로 전환되면서 노인의 인구증가, 노인의 정치적 영향력의 증대, 노인복지제도의 발전 등으로 노인의 지위는 오히려 향상될 것이라는 수정된 현대화 이론을 주장하고 있다(유성호 외, 2002)

따라서 본 연구는 수정화된 현대화 이론에 기초하여 이미 후기 산업사회로 발전한 대표적인 미국과 일본의 고령자고용을 우리나라 고령자 고용과 비교하여 우리나라 고령자의 사회적 지위가 사회변화에 적응할 수 있도록 구비되어 있는가를 살펴보고자 한다.

3) 정치·경제학적 접근

고령화에 대한 정치·경제시각은 사회경제적제도가 일생동안 사람들에게 어떤 영향을 미치는 지와 노령기까지 사람들의 사회적·경제적 안녕에 어떤 영향을 미치는지를 보여준다. 정치경제적 접근방법은 연구의 초점을 한 개인이 노령에 적응하는 능력에서 사회자원의 분배를 결정하는 보다 포괄적인 분석 쪽으로 이동 시켰다. 또한 노령화에 대한 정치·경제시각의 초점은 복지제도의 분배적 측면이다. 정부의 복지정책이 인생여정에서 발생하는 계급, 성별, 인

종적 불평등을 더 강화시키는 결과를 가져와 노후에 불평등한 상황을 초래하는지를 보여 주었다(문인숙, 1998).

이 이론은 노인문제가 고립적으로 생기는 것이 아니라 사회의 가치, 공공정책, 노동시장의 구조와 여건들이 개인의 경제적 지원과 사회·심리적 지원에 영향을 미친다는 주장이다(김형수, 2002).

결과적으로 노인문제는 부분적으로는 각자가 접하게 되는 물질과 사회자원의 공급양식의 차이에 따라 생기는 것이기 때문에 사회자원 분배의 폐단을 건설적인 방향으로 변화시킨다면 지금보다 발전된 미래를 창조할 수 있을 것이다.

따라서 본 연구는 고용이 사회적인 분배의 개선에 얼마나 기여하는가를 우리나라 장애인고용을 비교하여 살펴보고자 한다. 우리나라 장애인 고용을 선택한 이유는 우리나라 복지와 고용과 관련한 제도들 가운데 가장 조직화·체계화 되어 있고, 가장 잘 되어있는 분야로서 고령자고용 분야에 주는 시사점을 찾으려한다.

3. 고령자 고용의 필요성과 그 배경

1) 고령자 고용의 필요성

고령자의 취업활동은 소득보장과 일에 대한 재미, 건강유지, 여가시간 문제의 해결을 위한 중요한 수단이 된다. 우리나라에서는 55세 정년퇴직이 일반화 되어 있는 현실로 인하여 55세 이상의 고령자, 더욱이 65세 이상의 노인이 취업이나 재취업을 하는데 있어서는 적지 않은 어려움이 뒤따르고 있는 것이 현실이고, 설령 취업이 된다고 해도 그 취업분야가 극도로 제한되고, 임금수준에 있어서도 대부분이 저임금을 감수해야 한다는 것이 일반적인 현상이다.

우리나라는 지난 40년간 평균수명이 크게 늘어나 2002년 현재

남녀 평균 76세에 이르고 있다(통계청, 2002). 이와 같은 수명의 연장과는 거의 무관하게 노동시장에서는 정년연령이 거의 변화 없이 55세로 제한되어 왔으며, IMF이후 구조조정으로 인해 실질적인 퇴직 연령 시기는 더욱 낮아지고 있는 실정이다. 이와 같은 현상은 노후복지대책이 불비(不備)한 현실에서 유능한 인력을 조기에 노동시장에서 퇴출시킴으로써 노후의 소득보장을 더욱 어렵게 만들고 이로 인하여 국가의 복지비용만 증대시키는 결과를 초래하고 있다.

고령자의 취업은 1차적으로 생계유지를 위한 중요한 소득보장 수단이 될 뿐만 아니라 노인들에게는 건강유지와 여가시간 문제를 해결하는 방법이 됨에도 불구하고 정부와 사회에서는 당면한 청년실업에 묻혀 고령자 취업문제는 별로 중요한 관심사가 되지 못하고 있다. 그에 따라 고령자 취업정책도 빈약한 상태에 머물러 있을 뿐이다. 고령자들에 대한 소득보장정책의 일환으로 국가가 그들에게 취업기회를 부여하는 정책을 펼치는 것은 대단히 중요한 일이다. 현대사회에 있어서 노인문제는 노화현상에서 오는 문제보다는 인간의 생계수단인 노동으로부터 배제 당함으로써 일상생활을 영위해 나가는데 필요로 하는 소득을 얻을 수 있는 길이 막히고 있다는 것이 더욱 심각한 문제로 대두되고 있다. 노인들이 취업을 원하는 배경에는 생계와 관련된 긴박한 사정이 있음을 간과해서는 안 된다. 그러므로 고령자에 대한 고용정책의 개발은 그들에게 소득을 확보해 주고, 유용감을 안겨주며, 건강증진에도 긍정적으로 평가됨으로써 노인복지라는 관점에서도 정책대안의 강구가 필요하다.

한국노인문제연구소가 60세 이상 노인들을 대상으로 그들의 취업활동여부를 알아본 조사에 의하면 현재 도시지역 노인은 12.2%, 농촌지역 노인은 38.7%가 취업을 하고 있는 것으로 밝혀졌다(박재간, 2002). 농촌지역 노인들은 농업에 종사하는 노인이 많지만 도시지역 노인들의 경우 소득을 얻기 위해 일거리를 원하지만 일할 기회와 장소가 제대로 마련되지 않고 있다는 것이 문제점으로 대두되고 있다.

서울시에서 1999년에 실시한 사회복지 기초수요조사 결과를 보면 취업을 희망하는 노인들은 주로 판매·서비스직(38.75%)이나, 생산·단순 노무직(30.75%)을 원하고 있으며, 아무 일이나 해도 좋다고 응답한 노인도 23.9%에 이르고 있다. 현재 재취업으로 일하고 있는 노인들의 68.4%가 돈을 벌기 위해서 일하고 있다는 점과 관련시켜 볼 때, 상당수의 노인들은 돈을 벌기 위해서 어떤 일이라도 하고 싶어 하기 때문이다. 따라서 이들에게 소득보장의 일환으로 취업기회를 확대하기 위한 다각적인 정책대안이 마련되어야 한다는 것은 지극히 당연한 일로 받아들여지고 있다.

빈곤 노인을 구제하기 위한 소득보장의 방법은 세 가지가 있다. 첫째는 국가가 빈곤노인들에게 현금과 현물, 또는 서비스를 제공하는 일이고, 둘째는 그들에게 취업기회를 보장해 경제적으로 자립생계를 가능토록 하는 것이며, 셋째는 고령자에게 필요로 하는 기술을 습득시키는 일 등이다. 그러나 그 중에서도 가장 바람직 것은 노동시장기능 개선에 의한 인력개발정책의 효율적인 운용이라고 할 수 있다.

사회구조가 산업화되면 될 수록 노인들이 자녀들에 의해서 부양받기 어려워진다는 것은 세계 모든 나라의 공통적인 현상이다. 따라서 산업화사회에서 노인들은 공적연금제도에 의해서 노후생계가 보장되던가, 노동시장에 참여함으로써 소득을 보장받을 수 있도록 되어야 하는데, 오늘의 우리나라 노인들 대다수는 공적연금의 혜택을 받지 못하고, 자녀들로부터도 만족할 만한 부양을 받지 못하고 있는 실정이다.

따라서 본 연구에서는 노후생계에 위협을 받고 있는 노인들에게 취업활동을 통해서 소득을 얻을 수 있는 기회를 보장해 주기 위한 대안을 제시하고자 한다.

2) 취업욕구와 그 배경

우리나라의 단순노동·저소득근로자들은 대부분 55세를 전후해서 직장에서 밀려난다는 사실은 앞에서도 언급한 바 있다. 이와 같이 우리나라 기업이 고령자를 기피하는 원인은 여러 가지 복합적인 요인이 겹쳐있기 때문이기는 하나, 그 중에서 가장 중요한 원인을 몇 가지 예거하면 다음과 같다(박재간, 2002).

① 대부분의 기업은 연공서열형 임금구조이기 때문에 장기근속자는 능력과는 관계없이 고임금을 지불해야 하므로 고령자의 비율이 많을 수록 기업은 인건비의 과중부담을 해야 한다.

② 기업은 퇴직금의 누적 또는 과다지출을 억제하는 방편의 일환으로 장기근속의 고령자를 기피하는 경향이 있다. 기업의 일반적인 관례는 최종 봉급액을 기준으로 퇴직금의 비율이 결정되므로 연공서열형 임금구조 하에서는 고령자는 조기퇴직 할수록 부담이 적고 퇴직금 누적에서 오는 문제점의 해결도 용이해진다.

③ 기업은 장기 근속한 고령자의 비율이 많으면 신규 채용한 종업원의 승급과 관련된 인사관리상의 어려움이 있고, 새로운 기술의 도입, 기동력, 창의력, 생산성 등이 둔화되어 타사와의 경쟁력이 약화된다.

이상에서 열거한 바와 같이 기업으로서는 장기근속의 고령 종업원을 기피할 수밖에 없는 부득이한 사정들이 도사리고 있음을 알 수 있다. 이러한 연령의 근로자들은 신체적으로 정신적으로 아직 은퇴할 시기가 아님은 물론이거니와 한 가정의 가장으로서 자녀들에 대한 부양의무를 완수하지 못한 상태에서 조기은퇴를 당하고 있기 때문에 문제는 더욱 심각하다.

우리나라에서 노인들을 대상으로 노인취업과 관련해서 조사된 자료들에 의하면, 노인들이 얼마나 취업을 열망하고 있는지 그리고 무엇 때문에 취업을 원하는지 그 원인을 파악할 수 있다.

한국노인문제연구소에서 2000년도에 60세 이상 노인을 대상으로 실시한 노인생활실태 및 취업관련 사항에 관한 조사결과에 의하면, 전채 조사대상 노인 중 64.2%가 취업을 원하고 있었고, 같은 해에 한국 노인과학학술단체연합회에서 실시한 조사에서는 취업을 원하는 노인의 비율이 75.5%나 되었다는 사실은 취업문제가 이미 젊은이들만의 문제일 수만은 없다는 점을 시사해 주고 있다(황진수, 2000).

노인들의 취업활동여부를 알아본 조사에서는 "현재 일을 하고 있다."고 답한 비율은 25.4%였는데, 이들이 일을 하고 있는 이유로는 "생계유지를 위해서"가 54.5%, "건강유지를 위해서"가 9.8%, "소일하기 위해서"가 13.4%로 밝혀졌다.

또한 일을 하지 않고 있는 노인들을 대상으로 일을 하지 않는 이유를 알아본 조사에서는 "적당한 일자리가 없어서" 52.0%로 그 비율이 가장 높았고, 다음으로 "건강이 좋지 않아서"가 26.7%로 나타남으로써 일하고 싶어도 일자리가 없는 우리나라 노인들의 실태를 드러내고 있다.

우리나라 고령자들의 취업욕구와 실태 조사를 바탕으로 특정 개인이 취업을 원하는 동기에 영향을 미치는 요인들을 살펴보면, 임금 등의 경제적 보수, 사회적 지위 및 신망, 일 자체의 즐거움 및 보람, 직장 동료들과의 사교, 승진기회의 확보 등을 생각해 볼 수 있는데, 이러한 요인들이 각기 어떤 비중으로 영향력을 미치는지는 일의 성격에 따라 다르다. 육체적인 노동을 주로 해야 하는 직업에 비해서 창조적인 사고를 위주로 하는 직종에서는 경제적인 보수도 중요하겠지만, 일 자체의 보람을 더 크게 생각하는 경우가 적지 않다. 그리고 사회적인 명망이 높은 직위에 종사하는 사람들은 사교나 사회적 신분확보 등의 동기가 더욱 강하게 작용할 것이다.

여기서 노인들의 취업욕구의 문제를 생각해 보기 위해서는 이를 취업 동기와의 관련성 속에서 따져볼 필요가 있다. 동기는 의욕에 비해서 보다 넓은 개념인데, 취업의욕이라 하면, 취업 동기 중에서 비교적 자발성과 적극성이 강한 동기라고 볼 수 있다. 예컨대 건강이 좋지 못하다던가, 일을 하기는 싫지만 본인이나 식구들의 생계를 위해서 부득이 일을 해야 하는 고령자의 경우는 취업의욕이 있어서가 아니라 불가피한 동기로 일자리를 찾는 것으로 보아야 하기 때문이다.

이렇게 볼 때 그렇다면 경제적 보수 때문에 계속 일을 해야 한다고 생각하는 경우는 취업의욕과는 무관한 것으로 취급해야 하는가의 문제가 제기될 수 있다.

취업의욕이라는 자발요인 중에서는 자신의 삶을 일을 통해서 구현한다던가, 일 자체의 즐거움이나 보람 등이 가장 핵심적인 요소로 지적될 수 있지만, 그 외에 사회적 명망이나 사교, 경제적 보수 등이 자발적인 취업의욕과 전혀 무관하다고 할 수 만은 없다. 다만, 여기서 분명히 할 것은 본인은 일하기 싫어도 생활상의 이유로 그야말로 부득이 일을 하지 않을 수 없는 경우까지를 취업의욕이라는 개념 속에 포함시킬 수는 없다는 점이다.

취업의욕을 이상과 같은 여러 가지 구성요소로 분석해 볼 때, 취업의욕과 밀접한 관계를 가질 것으로 생각되는 몇 가지 요인들이 지적될 수 있다. 첫째는 본인의 성격이며, 둘째는 본인의 교육수준이고, 셋째는 본인의 경제적 여유를 들 수 있다. 그리고 본인이 여태까지 어떤 종류의 일을 해왔는가 하는 점도 매우 중요한 요인으로 작용하고 있을 것이다.

이러한 개인적 요인들의 밑바닥에는 건강이라고 하는 가장 중요한 변수가 깔려있다. 이러한 개인적인 요인들 외에 한 사회속의 문화적인 통념이 노인들의 취업에 강한 영향을 미친다는 점을 간과할 수 없다. 어느 사회에서나 사람이 늙으면 활동능력이 약화된다는 일반적인 통념이 노인들을 육체적 차원보다 정신적 차원에서 훨씬 더 빨리 늙게 만들고 있다.

흔히들 젊은이들은 적극적이고, 미래지향적인데 비해서 노인들은 소극적이고 과거지향 적이라는 일반론을 펴기 쉬운데, 여기서 한 가지 유의해야할 점은 노인들의 사회 심리적 특성을 논의할 때에는 노인층이 보유하는 능력은 다양성이 커서 일반론이 빚는 오류의 가능성이 그만큼 더 크다는 사실이다. 어린이나 청년들의 사회심리적 특성을 논할 때에는 일반론의 적용범위가 비교적 크겠지만, 노인들의 경우에는 개인 각자의 생활역사가 다양하기 때문에 개인차가 엄청나게 크다는 점을 유의할 필요가 있다.

노인들의 작업의욕은 그들이 여태까지 해온 일의 성격에 의해 크게 좌우되는 것임을 쉽게 이해할 수 있는 일이다. 자신이 여태까지 해온 일을 보람 있고, 재미있는 일로 생각하는 사람들은 계속 일하기를 원할 것이고, 반면에 일 자체를 순전히 생계수단으로 마지못해서 해온 사람들은 경제적인 여건만 허락한다면 하루속히 일의 속박으로부터 자유로 와지고 싶어 할 것이며, 이런 사람들에게 작업의욕을 기대하기는 어려울 것이다.

일 자체의 보람이나 즐거움은 대체로 직업위신도가 높은 직종 종사자들, 예컨대 회사의 중역이나 대학교수들과 같은 사람들이 더 많이 느낄 것으로 생각할 수도 있다. 다른 한편으로는 이러한 직업위신도와는 상관없이 자유롭고 창조적인 작업을 하는 사람들, 혹은 조직적인 틀에 구속됨이 없이 비교적 자유로운 조건 속에서 일하수 있는 사람들, 예컨대 예술가라든지 공예기능공 등과 같은 사람들은 나이에 상관없이 건강이 허락하는 한 계속해서 일하고 싶어 할 것이다.

경제력 유무가 자발적인 취업의욕과는 별반 상관이 없다는 주장(김정후·한만주, 1998)도 있으나, 노후생계에 어려움이 없을 정도의 경제적인 여유가 있는 경우에는 일 자체의 보람과 즐거움을 여간 강하게 느끼지 않는 한 취업의욕을 약화시킬 가능성이 크다. 하지만 직업위신 도나 사회적 명망도가 높아서 적극적이고 활동적인 삶에 보탬이 되는 직종에 취업이 가능한 사람들은 그러한 직종에의 취업의욕은 계속 강할 것이다.

제2절 고령자 고용 관련 선행연구 검토

본 절에서는 지금까지 국내에서 본 연구의 주제와 관련하여 수행된 연구들을 살펴보고자 한다. 선행연구를 살펴봄으로써 지금까지의 연구경향과 이들 연구가 갖는 한계점을 알아보고 본 연구에서 다루어져야 할 내용들을 알아보고자 한다. 선행연구는 연구범위에 따라 크게 두 가지로 나눌 수 있는데 하나는 전반적인 고령자 인력 활용의 필요성이며, 다른 하나는 이를 실천하기 위한 행정과 재정의 확보를 포함하는 구체적인 취업 프로그램에 관한 것이다. 본 연구는 선행연구들을 고령자 취업인력 활용의 필요성과 고령자 취업 관련 행정·재정적 지원, 그리고 고령자 취업을 위한 정책과 세부 프로그램에 관한 내용들로 구분하였다.

1. 선행연구의 검토

1) 고령 인력 활용의 필요성

(1) 고령자 취업의 가능성

고령자의 직무능력에 관한 평가는 고령자취업과 관련하여 그 의의가 크다. 이에 대한 정확한 평가와 진단을 통해서 만이 고령자 우선고용 직종의 개발과 보호가 제대로 이루어질 수 있는 것이다(김정후·한만주, 1998).

고령자의 지적 능력을 보면 일반적으로 사회참여가 적은 고령자는 지능저하현상이 큰 것으로 나타나고 있으며, 직업과의 관계에서는 현재 직업을 가진 고령자들이 지능저하현상이 적었고, 현재 직업이 없거나 과거에 육체적 노동을 했던 고령자들은 지능저하가 심한 것으로 나타났다. 한편, 고령 고용자의 교육수준이 과거에 비하여 점차 높아짐에 따라 전문기능을 지닌 고령자의 경제활동을 통한 자아실현의 욕구가 커질 것이므로 이를 충족시키기 위한 노동욕구와 노동능력이 있는 전문기능을 지닌 고령 고용자들에게 일정 연령까지 지속적으로 일할 수 있는 기회가 주어져야 한다는 것이다(최순남, 1999).

고령자취업정책을 시혜적인 구빈정책으로 보는 시각은 잘못된 것이다. 우리나라에서는 고령에 따른 능력의 저하를 퇴직이유로 들고있지만 이는 기회 균등의 헌법정신에 위배되는 차별대우다. 노인도 헌법상 일을 할 수 있는 권리와 인간다운 생활의 보장을 요구할 수 있는 권리가 있고, 국가는 이를 보장할 의무가 있다.

장애인이 헌법상의 기회균등원칙을 제기하면서 일을 할 수 있는 편의시설과 작종을 개발하여 취업의 확대를 요구하듯이 노인 또한 적합한 직종을 개발하고, 직업훈련을 실시하여 고용촉진과 재정지원을 강화해야 한다. 최근 젊은 사람들의 실업문제가 심각한 사회 문제로 등장되고 있는 마당에 노인취업을 논의한다는 것이 시의에 적절치 못하다는 주장이 있으나, 노인취업문제는 젊은이 못지않게 충분한 당위성을 갖는다. 노인취업은 노인의 빈곤해결방안으로서의 가치와 노인의 소외감 해소, 사회를 위한 봉사와 사회적 참여자로서의 능동적 역할을 들 수 있다. 또한 노인 취업은 노인의 신체적, 정신적 건강을 증진시키는 요인이 되기 때문이다(황진수, 2000).

(2) 고령자의 취업욕구

고령자의 취업에 대한 의식을 살펴보고 취업을 희망하는 노인에게 취업의 기회를 제공해 주는 것은 노후의 경제적 자립은 물론 개인적, 사회적 욕구까지 충족시킬 수 있는 기회가 될 수 있다. 따라서 취업에 대한 욕구는 경제적인 이유, 본인의 건강증진, 교육수준이나 사회·문화적인 생활에 의해 영향을 받기 때문에 취업은 단순한 형태로 파악할 수는 없다(서승환, 1999).

2001년 한국갤럽조사연구소의 자료에 의하면 60세 이상 노인 중 현재 취업하고 있는 노인은 30.9%로 나타난 반면, 취업을 희망하는 노인은 남성 49.5%, 여성 35.4%로 나타났다. 또한 현재 직업을 가지고 있는 노인에게 근로 지속 희망 여부를 살펴 본 결과 계속하기를 원하는 노인이 77.2%였으며, 이 중 남자 노인은 83.7%, 여성 노인은 62.4%의 분포를 보였다(박재간, 2002).

(3) 경제적 빈곤

노년기에 있어서 최저생활의 유지, 더 나아가 경제적인 풍요는 안정된 노후생활의 가장 기본적인 요소라 할 수 있다. 일반적으로 노인에게는 빈곤, 건강의 악화, 사회적 역할상실, 고독감 등의 어려움을 경험하고 있는데, 이들은 서로 상관관계를 가지고 있으며, 그 중 빈곤의 문제는 직접적인 관계가 있으며, 노후생활에 있어서 중요한 문제라고 볼 수 있다(서승환, 1999).

노인의 경제적 자립은 사회적, 심리적 측면에서도 보람 있는 노후의 삶을 영위할 수 있도록 하는 기반이 되므로 중요한 요소라고 할 수 있다. 우리나라 노인의 노후생활은 대부분 가족에 의해 보호되어 왔으나 자녀의 부양기능의 약화로 앞으로 노인의 경제적 자립생활은 더욱 더 강하게 요구될 것이다. 노인의 경제적 자립생활은 어려운 상황이다(권예정, 1999).

노후보장시책의 대표적인 것이 연금제도인데 우리나라의 경우 일반적인 노령연금인 국민연금이 도입되어 적용하고 있다. 공무원, 군인, 사립학교 교원연금이 실시되고 있으나, 우리나라 근로자들의 대부분이 자녀양육이나 노인부양의 책임을 지고 있는 상태에서 정년퇴직을 하고 있기 때문에 일시금을 선호하게 되고 따라서 연금이 그 본래의 기능을 다하지 못하고 있는 실정이다(김정후·한만주, 1998)

이상의 내용을 정리하면, 고령자의 교육수준이 높아지면서 전문기능을 지닌 고령자들이 증가함으로써, 경제활동을 통한 자아실현 욕구가 커지고 있기 때문에 일정연령까지 노동시장 내에서 일할 수 있도록 해야 한다. 또한 급속한 산업사회 진입으로 전통적 가족제도인 3세대 이상으로 이루어지는 대가족제도가 점차 붕괴되고 부모와 자식만으로 이루어지는 2세대 핵가족화로 부양가족의 부재, 고령자들의 경제적 자립이 어려워지는데, 이를 지원하는 정부의 복지재정의 열악함이라 할 수 있다.

2) 전달 체계 및 재정 확보

(1) 고령자 취업을 위한 전달체계

고령자 취업을 위한 전달체계는 정책의 목적과 수단 간의 연계과정에서 볼 때, 공공부문의 서비스 전달체계로 생각하기 쉬우나 민간부문이 더 큰 역할을 하고 있다. 다만 고령자들의 기본적인 욕구충족과정에서 그들이 개별적으로 해결할 수 없거나, 하기 어려운 취업의 경우 국가의 개입이 요구되고, 국가의 책임 하에 그 행정적 지원이 이루어져야 하기 때문에 공적인 전달체계가 중요한 역할을 수행한다.

현재 우리나라 고령자 취업을 위한 행정체계가 노동부와 보건복지부로 분산되어 있다. 보건복지부에서는 노인취업 관련 업무를 대한노인회에 위탁하여 업무를 보고 있으며, 노동부에서는 인재은행과 고용안정센터 등에서 고령자 취업관련 업무를 취급하고 있으며, 서울시에서는 고령자 취업알선센터를 별도로 운영하고 있다.

각 부처마다 고령자 취업업무를 담당하는 이유가 있다. 노동부에서는 50세부터 55세 전후의 퇴직 노동자를 재훈련시켜서 취업시킨다는 이유로서 고령자 취업업무를 담당하며, 보건복지부에서는 노인복지차원에서 노인의 소득보장과 사회참여를 위한 기회의 제공을 목적으로 대한 노인회와 연계하여 담당하고 있는 것이다.

따라서 고령자취업촉진을 위한 행정업무의 일원화가 필요하다. 업무의 이원화 또는 다원화 체계는 고령자 취업업무의 연관성을 구조적으로 저해하는 요인으로 작용할 수 있다. 또 입법 추진과정에서 부처간의 이기주의를 조장할 수 있으며, 이중적 감독, 통제로 자율적인 결정과 집행을 저해할 수 있다는 점이다(황진수, 2000).

이와 함께 대상에 대한 연령별 정의가 상이하여 (노동부는 55세 이상, 보건복지부는 65세 이상) 대상이 명확히 구분되어 있지 못해,

대상이 중복되기도 하고, 노인취업에 대하여 일관성 있는 정책을 시행하기도 어렵게 되어 있다. 또 취업을 원하는 고령자 수가 취업을 원하는 장애인 수 보다 많음에도 불구하고 장애인 고용촉진단과 같은 고령자 재취업훈련기관이 없는 실정이다(최성재, 2000).

또 고령자 취업을 위해 고령자 노동자를 공급하는 측과 고령노동자를 필요로 하는 수요자측간의 요구사항을 충분히 수용하여 고령자의 적성에 맞는 직종개발과 공급인력의 예측성 등을 감안하여 중·장기적, 단기적 차원의 수급계획이 이루어져야 하고, 노동부와 보건복지부, 행정자치부와 교육인적자원부, 문화관광부, 환경부 등으로 각기 흩어져 있는 행정조직으로는 효율적인 고령자의 고용을 해결할 수 없으므로 고령자 취업업무를 총괄하는 기구가 필요하다.

또, 고령자취업을 위한 정보화체계의 구축은 고령자 고용 인력의 체계적인 관리는 물론 자료수집, 분석에도 필요하고 미래의 정책수립에도 필요하다고 본다. 이밖에도 적극적인 홍보 전략으로 정부조직 간의 의견접근, 비정부조직, 각종 지역사회단체, 노인조직을 널리 알려야 한다는 것이다(장옥주, 2003).

2) 재정 확보

사회복지정책이 발달되어 있는 선진국들은 점증하는 복지수혜증가, 복지의 질 향상으로 인해 고복지·고부담의 딜레마에 빠져 있다. 가중되는 복지 재정적 부담은 인구 고령화에 의한 노인복지 비용의 폭발적 증가가 주원인이다. 고부담은 경제성장의 저해요인으로 등장하여 장기적으로 경기를 침체시키며, 국민에 대한 고율의 과세는 근로의식을 저하시키고, 생산성을 저하시켜, 일부 서구화된 복지국가에서는 타국으로의 이민이라는 기현상까지 낳고 있다. 이러한 상황에서 가족에 의한 부양에서 국가에 의한 부양으로 전환했던 선진국들이 오늘날 가족의 복지적 역할을 다시 강조하는 것은 매우 큰 의미를 갖는다(조봉희, 1997).

우리나라의 노인복지예산은 매년 증가하고 있지만 1995년 0.12%, 1997년은 0.19%(보건복지부, 1997)로 1990년대 들어 노인인구가 급격히 증가하고 있음을 볼 때, 노인복지에 대한 투자는 미흡한 실정이라고 할 수 있다. 그러나 노인인구의 증가, 가족구조의 변화, 부양의식의 약화 등으로 인하여, 노인문제가 다양하게 대두될 것으로 예상할 때, 노인복지예산 확보에 대한 요구는 팽창하게 될 것이다. 이러한 재정적 부담은 국가예산 지출의 1/3을 국방비에 쏟아 붓는 현실에서 국가만의 책임으로 돌려서 기다릴 수는 없을 것이다. 따라서 다양한 재정조달방안을 강구해야 할 것이다. 예를 들면, 정부예산에만 의존할 것이 아니라 사적재원조달방안인 기부금제도를 활성화 하는 한편, 노인복지 재정상의 부담을 줄이고 노인들로 하여금 일의 보람을 느끼고 소득원을 확보할 수 있도록 적극적인 노인 취업정책이 추진되어야 할 것이다(황진수, 2000).

3) 고령자 고용정책과 프로그램

(1) 고령자 취업의 법·제도 측면

노인복지법에서는 "노인에게 적합한 직종을 개발하고 그 보급을 위한 시책을 강구하며, 근로능력이 있는 노인에게는 일할 기회를 우선적으로 제공하도록 노력하여야 한다"고 규정하고 있으나, 이 법 조항이 선언적 의미밖에 없어 실질적인 효과를 거두지 못하고 있으며, 정년연령에 대한 적절성 문제, 의무고용에 대한 문제점을 지적하면서 바람직한 고령자 취업 활성화를 위한 발전방안으로 다음과 같은 9가지를 제시하였다. ① 정년연령 연장, ② 의무 고용제, ③ 직업재훈련, ④ 고령자 적성직종 개발, ⑤ 고령자 고용업체에 대한 정책지원, ⑥ 고령자 직업알선기구의 설치·운영, ⑦ 공동작업장에 대한 지원, ⑧ 노인문제 전담연구기관의 설치·운영, ⑨ 고령자 창업지원 등이다(박재간, 2002). 기업의 고령자 의무고용율을 통하여 일자리를 마련하는 방안에 대하여 1차적으로 국가 및 지방 자치단체, 공공기관에서 먼저 의무적으로 노인을 고용하고, 민간기업체에 이를 확대해 나가야 한다고 주장하고 있다(최성재, 2000). 또한 민간기업체에 노인 고용으로 인하여 생산성이 저하되거나 시설설치나 인력관리를 위해 추가비용이 든다면 이를 위해 세제감면, 고령자 고용지원금, 시설개선비용 지원 등의 확대를 주장하고 있다(김미혜, 2003).

고령자 고용에서 가장 문제가 되는 것은 취업을 원하는 고령자는 많은데 고령자에게 적절한 일자리가 없거나 연계가 되지 않고 있다고 지적하면서 재취업이 여의치 않는 고령자들에 대한 지역사회 내에서의 사회적 일자리 창출방안을 제시하였다(변재관, 2003). 이 연구에 따르면 "사회적 일자리"는 기존의 노동시장과 충돌하지 않는다는 점에서 "새로운 일자리"이며, 복지, 문화, 교육, 환경 등 삶의 질을 제고한다는 점에서 사회적, 공익적인 성격을 갖는다. 운영과정에서 일하는 사람들의 참여와 민주적 운영을 기본으로, 노동하는 사람들의 협동과 자치에 기초하며, 비영리 단체로 유급노동과 봉사의 결합, 그리고 이윤의 사회적 환원을 목표로 하고 있다.

구체적인 사회적 일자리는 음식물 재활용, 가전제품 재활용, 집수리 사업 등 처음에는 시장 형성이 되지 않아 중앙정부나 지방자치단체의 지원으로 시작하지만 점차 시장이 형성되고 참여자들의 경제적 독립이 가능한 사업영역들이며, 어느 개인보다도 지역 주민들의 필요와 요구에 근거하여 주민들의 부담으로 상시적인 일자리로 전환이 가능하다는 것이다. 이와 같은 방안은 일자리의 목적을 수익성에 두지 않고 고령자들의 소외극복과 탈 빈곤 그리고 고령자들의 다양한 능력과 전문기술을 활용하여 지역사회가 필요로 하는 다양한 욕구 특히 삶의 질 향상을 위한 근로활동 참여촉진 방안이라 할 수 있다. 이와 같은 사회적 일자리 창출을 위해서는 현재의 고령자 관련 기관들을 체계화하고 효과적으로 운영되도록, 현재의 난립되어있는 고령자 취업센터의 정보를 공유하고 고령자 일자리를 개발하여 고령자에 대한 정보와 함께 교육 매뉴얼을 나누어주고 거시적인 정책 마련을 위해 전반적인 고령자 고용현황을 파악하고 연구하는 기관의 필요성을 제시하였다.

우리나라 노인복지법상 노인은 만 65세 이상이며, 국민연금 수급연령은 만 60세인데 비하여 기업의 90%이상이 60세 이하 정년제(55세 이하가 65.8%)를 채택하고 있어 이러한 정년제도로 인하여 능력과 상관없이 조기에 노동시장에서 제외되는 결과를 초래하고 있다고 지적하면서 이는 개인적인 소득보장 문제뿐만 아니라 아직 일할 수 있는 나이에 오랫동안 몸담아 온 직장을 떠나게 됨에 따라 여러 가지 심리·사회적인 문제에 직면하게 되며, 국가적으로 사회보장재정, 경제성장에도 상당한 영향을 미치게 된다는 것이다(김형수, 2002).

일본의 경우 1991년 "고령자 고용촉진법" 제정 이후부터 60세 정년제를 확보하고, 최근에는 65세 정년제를 목표로 하고 있으며, 미국은 1974년에 정년제를 폐지하였고, 캐나다, 노르웨이에서는 정년이 70세로 서구 선진국에서는 정년제를 연장하거나 폐지하고 있어, 우리나라도 정년제도를 연장해 "어느 일정시점에서 완전 퇴직 때까지 해마다 업무량과 노동시간을 줄여나가면서 이에 따라 임금수준도 점차적으로 하락하는 점진적 퇴직 제도를 도입해야 한다고 주장하고 있다(모지환, 1996).

(2) 고령자 고용 프로그램 측면

현행 노인고용프로그램이 노동부와 보건복지부로 양분되어 있어 몇 가지 문제점이 노출되고 있다는 지적이다. 우선 연령상 대상이 노동부는 50세 이상을 준 고령자, 55세 이상을 고령자로 하고 있어 고령자에는 60세 이상의 고령자와 65세 이상의 노인을 포함하고 있어 연령으로만 보면 노동부 소관 프로그램만 잘 시행되면 보건복지부 소관업무가 필요 없는 것이 된다. 그런데 실제로는 노동부의 프로그램은 55세에서 64세까지를 주 대상으로 하고, 보건복지부 프로그램은 60세 이상을 대상으로 하고 있어, 대상연령의 중복과 이에 따른 업무한계의 불분명으로 준·고령자와 고령자에 대한 고용증진사업의 효과가 약화되고 있다는 지적이다(우봉우, 2002).

게다가 노동부나 보건복지부 모두 고령자 및 노인의 고용증진 프로그램에 대한 정책적 관심이 상대적으로 저조한 편이고, 예산배정도 미약하여 프로그램 효과가 더욱 미미하다는 지적이다. 이를 위한 구체적 정책프로그램 개선방안으로 정년연장과 연령차별 금지법 제정, 정년연장단체에 대한 보조금제도 시행, 능력급 보수체계로 전환, 근무연장 및 재고용, 고령자 재취업 증진, 노인우선고용직종 개발, 직업 능력 배양훈련, 국가 인력수급차원에서 고령자 고용촉진, 노화와 생산성에 관한 과학적 연구, 노인재고용에 대한 사회적 인식 증진 등을 제시하였다(최성재, 2000).

정년 연장과 더불어 임금피크제도, 점진적 퇴직제도 등 다양한 고용형태를 제시하였는데, 임금피크제도는 정년이 되면 최종급여의 약 50%선에서 3~5년의 기간으로 신규재고용 계약을 하며, 이 기간이 지나 재고용을 원할 때는 별도의 신규계약을 하는데, 이때는 대체로 최종 급여의 약 25~30%선에서 약 3년간 주 3일정도의 파트타임으로 이루어지는 것이 일반적이다. 따라서 임금피크제도를 도입할 경우 60세 정년일지라도 68세까지 고용이 보장된다는 것이다(변재관, 2003).

　　이상에서 살펴본 선행연구들의 내용을 종합해 보면, 첫째 고령자 취업의 필요성에 중점을 둔 고령자 취업 가능성, 고령자 취업욕구, 경제적 빈곤에 관한 연구 등이 있고, 둘째 이를 위한 행정 및 재정 문제로 전달체계, 재정지원 등이다. 마지막으로 법적·제도적 문제와 프로그램에 관한 기존 문헌들을 요약하면 <표 2-2>와 같다.

<표 2-2> 선행연구의 내용 요약

구 분		연구자	핵 심 내 용
고령인력 활용의 필요성	고령자 취업 가능성	김정후	-정확한 진단과 평가를 통해 고령자우선고용직종의 개발과 보호가 필요
		최순남	-노동욕구와 노동능력이 있는 전문기능의 고령자에게 일정 연령까지 지속적으로 일할 수 있도록 기회 보장
		황진수	-고령자에게 적합한 직종을 개발하고, 직업 재훈련을 실시하여, 고령자 고용촉진과 재정지원을 강화해야 한다.
	고령자 취업 욕구	서승환	-노인의 취업기회는 노후의 경제적 자립, 개인적, 사회적 욕구 충족 기회
		박재간	-근로지속을 희망하는 노인 77.2%(남자:83.7%, 여자 62.4%)
	경제적 빈 곤	서승환	-빈곤이 노후생활에 중요한 문제
		권예정	-자녀의 부양능력 약화로 노인의 경제적 자립은 더욱 중요
		김정후 한만주	-대표적 노후보장시책이 연금제도인데, 자녀양육, 부모부양으로 일시금을 선호하게 되어, 연금이 본래의 기능을 못하고 노인은 경제적 빈곤
전달체계 및 재정확인	전달 체계	황진수	-고령자 취업을 위한 행정체계가 노동부와 보건복지부로 분산
		최성재	-취업을 원하는 고령자 수가 취업을 원하는 장애인 수 보다 많음에도 불구하고 장애인 고용촉진단과 같은 고령자 재취업훈련기관이 없는 실정
		장옥주	-고령자 취업업무를 총괄하는 기구가 필요
	재정 부담	조봉희	-복지 재정부담은 인구고령화로 노인복지 비용의 폭발적 증가가 주원인
		황진수	-노인복지 재정상의 부담을 줄이고 노인들로 하여금 일의 보람을 느끼고 소득원을 확보할 수 있도록 적극적인 노인 취업정책이 추진
정책과 프로그램	법· 제도	박재간	-바람직한 고령자 취업활성화를 위한 발전방안
		최성재	-고령자 의무고용율을 국가 및 지방자치단체, 공공기관에서 먼저 추진
		김미혜	-노인고용으로 생산성 저하는 세제감면, 고용지원금, 시설개선비용 지원
		변재관	-기존의 노동시장과 충돌하지 않는 사회적 일자리 창출
		김형수	-60세 이하의 조기정년으로 심리·사회적으로 문제직면
		모지환	-점진적 퇴직제도 도입 주장

구 분	연구자	핵 심 내 용
프로그램	우봉우	-대상연령 중복과 업무한계 불분명으로 고용증진사업 효과 저조
	최성재	-정년연장, 연령차별금지, 보조금지급, 능력급 보수체계로 전환
	변재관	-임금 피크제 도입

2. 문제점과 본 연구의 입장

이상에서 살펴본 선행연구들의 내용을 종합해 보면 <표 2-4>에서 보는 바와 같이 고령자 취업의 필요성에 중점을 둔 연구와 이를 위한 법적·제도적 문제 그리고, 프로그램에 관한 내용이다. 선행연구들은 고령화 사회에 접어든 우리나라의 고령자 고용에 관한 필요성을 일깨워주고, 방향을 제시하는 데는 기여 하였으나 고령자 고용이 활성화 되지 못하고 있는 점에 대한 구체적인 대안을 제시하지 못한 한계가 있었다.

먼저 최순남(1999), 김정후(1998)의 연구의 핵심은 고령자 취업의 가능성을 제시한 것으로 빠르게 고령화 사회로 진입한 우리나라의 고령자 취업을 위한 고령자 우선고용직종 개발하고 직업재훈련을 통해 고령자 고용을 촉진해야하며, 전문기능을 가진 고령자에게 일할 수 있는 기회를 보장해야 한다는 것으로 고령자 고용의 필요성을 강조한 것이다. 또한 박재간(2002)과 서승환(1999)의 연구는 고령자의 취업욕구에 관한 구체적인 설문 결과로 고령자들의 높은 취업욕구를 구체적으로 제시하였다. 그러나 이상의 연구들은 고령자들에게 적절한 재취업 방안을 제시하지 못하고 있다.

그리고 장옥주(2003), 황진수(2000), 최성재(2000)의 연구는 고령자 취업을 위한 행정체계가 분산되어 있고, 고령자 재취업 훈련기구와 고령자 취업업무를 총괄하는 기구가 필요하다는 내용이며,

황진수(2000)의 연구는 재정부담에 관한 연구로 선진국도 인구고령화로 노인복지 비용이 폭발적 증가 하고 있어 정부재정에만 의존할 것이 아니라 적극적인 노인 취업정책이 추진되어야 한다는 것이다. 그러나 이들 연구 역시 현실적으로 어려운 고령자 취업난을 어떻게 해결해야 할 것인지에 대한 구체적인 대안을 제하지 못하고 있다.

김미혜(2003), 변재관(2003), 김형수(2002), 박재간(2002), 최성재(2000)의 연구는 고령자 고용 활성화를 위한 법적, 제도적 발전방안을 제시하였으나, 현실적으로 낮아지는 조기정년에 대한 대안을 제시하지 못하고 있다.

변재관(2003), 최성재(2000)의 프로그램에 관한 연구는 고령자와 노인의 연령이 중복되어 고용증진사업 효과가 저조하다는 지적이며, 이를 위해 능력급 보수체계와 임금피크제 등을 도입할 것을 주장하고 있다. 그러나 이는 현행 일반기업에서 적용할 사항이며, 재취업을 위하는 고령자에게는 직접적인 영향을 미치지 못하고 있다.

따라서 본 연구에서는 지금까지 살펴본 기존 선행연구의 문제점을 바탕으로 하여 고령자 고용정책을 크게 두 가지 측면으로 구분하여 살펴보고자 한다. 즉 고령자 고용정책의 법적·제도적 측면과 프로그램적 측면으로 구분하여 문제점과 대안을 도출하고자 한다. 다시 말해 지금까지의 고령자 취업관련 연구의 한계점이라고 할 수 있는 기업의 입장을 정확히 파악하기 어려웠던 점을 고령자와 기업의 중간에서 매개 역할에 종사해 온 취업 담당자들의 경험을 바탕으로 기업이 요구하는 직종과 요구수준을 간접적으로 파악하려고 한다. 그리고 기업이 요구하는 수준을 달성하기 위한 구체적인 교육·훈련 방안을 모색하고자 하였다. 이와 함께 기존의 연구들의 한계라고 할 수 있는 설문에만 의존하지 않고 외국의 사례와 기존의 우리나라 제도 가운데 본보기가 될 수 있는 분야를 함께 살펴보고자 한다.

제3절 분석의 틀

1. 연구 분석의 방향

우리나라는 사회보장제도의 역사가 일천하여 공적 소득보장으로부터 혜택을 받을 수 있는 고령자들이 많지 않은 상황임을 고려할 때 현재는 물론 미래적으로 고령자고용문제는 정책의 우선순위 면에서 선진국보다 오히려 높은 순위가 부여되어야 할 시급한 당면과제라고 볼 수 있을 것이다.

우리나라는 1960년대부터 시작한 경제개발계획의 성공적인 추진 결과 놀라운 발전을 가져왔다. 이에 따라 1964년 1인당 국민소득 103달러이던 것이 2003년 12,646달러로 40년 동안 120배 이상 늘어났으며(통계청, 2004), 이와 같은 국민소득 수준에 걸 맞는 고용과 복지제도의 관련법들을 도입하게 되었는데 대표적으로 1980년대부터 노인복지법을 비롯하여, 1990년대 들어서 고령자고용촉진법 등이 그 때 그때 필요에 따라 개별적으로 도입되었다. 이와 같은 법과 제도들은 사회여건이 성숙되지 못한 우리의 실정에 맞지 않아 많은 문제점을 안고 있다.

첫째 우리나라의 고령자고용과 관련한 법과 제도의 이원화이다. 보건복지부에서는 노인복지차원에서 65세 이상의 노인을 대상으로 하여 취업알선이 이루어지고 있으며, 노동부에서는 55세 이상을 고령자로 규정하여 취업알선이 이루어지고 있어 취업알선이 이원화되어있다.

둘째 총괄기구의 부재이다. 고령자의 욕구에 따라 고령자고용을 위해 정책부서별로 정책을 입안하고 예산을 확보 하여 집행하는 과정에서 대부분의 정책들이 고령자의 욕구를 충족시켜 주지 못하는 실정이다.

셋째 프로그램 집행을 위한 구체적인 사업실천기구가 없다. 정책을 입안한 정책부서나 자치단체에서 직접 집행까지를 감당할 수 없어 정작 말단 실시 면에서는 실효를 거두지 못하고 있는 실정이다.

넷째 고령자고용의 수준을 높이기 위한 전문교육기구가 없다. 고령자우선고용직종으로 160개를 지정해 놓고 있으나 질적으로 수준을 높이기 위한 교육체계가 이루어져 있지 못한 채 단순 노무직에 연결해 주는 정도이다.

이러한 문제점을 해결하기 위하여 본 연구의 분석 방향을 바람직한 정책대안을 찾기 위한 방법으로서 미국과 일본의 고령자고용정책과 세부 프로그램 등에서 시사점을 찾고자 했으며, 우리나라에서 고용과 복지측면에서 본보기가 될 수 있는 장애인 복지와 고용관련 자료를 분석하였다

이와 함께 일선에서 고령자와 노인들의 취업을 직접 담당하는 담당자들의 설문을 통해 고령자들의 고용을 활성화 하는데 가장 우선적으로 해결해야 할 부분을 찾아 현재는 물론 고령사회에서도 적용할 수 있는 고령자인력관리를 효율적으로 추진할 수 있는 대안을 제시하는데 본 연구의 분석 방향을 설정하였다.

2. 분석 틀의 구성

본 실증적 연구에서는 연구목적을 달성하기 위하여 분석의 틀을 다음과 같이 구성하였다.

첫째 연구의 목표를 우리나라 고령자 고용을 위한 대안탐색으로 한다. 따라서 연구의 목표는 우리나라 고령자 고용활성화를 위한 대안탐색이라고 할 수 있다. 그리고 대안탐색을 위한 분석대상은 미국과 일본의 고령자고용정책 및 프로그램과 우리나라 장애인고용관련 정책 및 프로그램 그리고 고령자 취업알선센터 담당자로 하였다. 즉

새로운 정책대안을 제시하기 위해 외국의 제도와 우리나라에서 제도적으로 본보기가 될 수 있는 장애인 제도 그리고 고령자 취업 현장에서 직접 알선업무를 담당하는 담당자들의 실제 경험과 인식을 바탕으로 현재 우리나라 고령자 고용의 문제점에 대한 설문조사를 통하여 실증적으로 분석하였다. 실제로 고령자고용 대상 은 고령자들이지만, 고령자들의 취업 욕구에 대해서는 기존의 선행연구를 참고하고, 본 연구에서는 고령자 취업을 알선하고 교육하는 담당자들을 대상으로 조사하였다.

둘째, 분석단위로서 두 가지 측면을 중점적으로 ① 법적·제도적 측면, ② 고용 프로그램 측면으로 구별하여 분석 하였다.

셋째, 분석의 결과라 할 수 있는 과제도출을 위해 외국의 고령자 고용활성화를 위한 정책과 프로그램의 시사점을 도출하고, 우리나라 장애인 고용정책과 프로그램의 장점과 설문조사를 통한 실증분석 등을 종합하여 이를 근거로 고령자 고용을 위한 문제점을 도출하였다. 그리고 보다 현실적이면서 구체적이고, 적극적인 고령자 고용정책 수립을 위한 정책 대안을 실현 가능성이 있는 분야를 중심으로 합리적인 개선방안을 제시하였다.

넷째, 2차적 효과라 할 수 있는 대안탐색은 고령자 고용 활성화로 경제적 수입과 고독, 역할상실이라는 문제를 해결할 수 있고, 노인들의 활기찬 경제적·사회적 활동을 보장하며, 빠르게 다가오는 고령사회에 대비한 노인복지 증진과 가족복지 및 사회복지에 크게 기여 할 것으로 예상된다.

분석단위와 분석수준 등을 중심으로 분석 틀을 정리하면 <그림 2-1>와 같다.

<图>

<그림 2-1> 연구의 흐름도

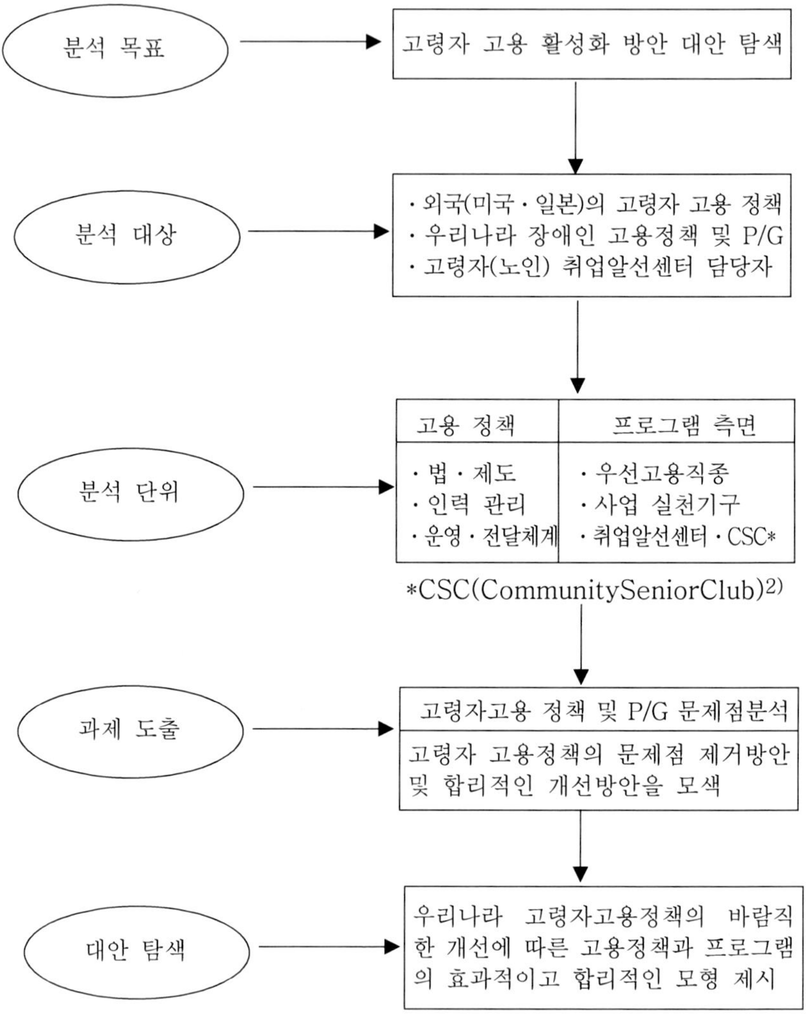

---

2) 지역사회시니어클럽(Community Senior Club: CSC)은 우리사회가 고령화 사회로 진입함에 따라 고령화 사회라는 특성에 입각한 새로운 노인복지의 관점에서 2001년 하반기부터 추진된 정책으로, 기존의 노인복지 프로그램과는 달리 일반 노인이 주 대상이며, 노인을 서비스의 대상으로 접근하는 것이 아니라 프로그램의 주체로 상정하고, 노인들의 적극적인 사회 참여를 돕기 위한 사업이다(손병돈 외, 2002).

3. 구성요소

위에서 제시한 바와 같이 분석대상은 외국의 고령자 고용정책 및 P/G, 우리나라 장애인고용정책 및 P/G, 그리고 고령자취업알선 담당자이며, 분석 단위는 고령자 고용 관련 정책적 측면에서 ① 고령자 고용관련 법·제도, ② 고령자고용인력 전담기구, ③ 고령자고용 업무의 운영 및 전달체계, 그리고 취업 프로그램 측면에서 ① 고령자 우선고용직종의 적절성, ② 고령자 고용 시행기구의 타당성, ③ 취업알선센터 운영의 효율성 등으로 구분 하였으며, 구체적인 내용은 다음과 같다.

1) 고령자 고용관련 정책적 측면

(1) 법·제도적 측면

고령자 고용관련법이 노인복지법과 고령자 고용촉진법으로 이원화되어 있기 때문에 노인과 고령자에 대한 연령과 취업알선센터도 노인과 고령자로 분리되어 있으며, 취업 관련 통계나 취업욕구, 사회적 요구도 일원화 되지 있지 않은 실정이다. 고령자고용촉진법에서는 고령자를 55세 이상으로 규정하고 있으며, 노인복지법에서는 경로연금 시기나, 노인복지시설 입소기준을 65세 이상으로 하고 있어 대상 연령층을 다르게 규정하고 있다. 이와 함께 우리사회에서는 환갑이라는 일종의 사회의식이 있고, 국민연금 수혜연령이 60세부터인 것을 이유로 노인의 기준으로 65세 보다는 60세가 타당하다는 주장도 있다. 그런가 하면 일반기업에서는 55세를 전 후하여 정년으로 하고 있어 사회통념은 55세부터 고령자나 노인으로 취급하고 있다. 본 연구에서는 고령자취업과 관련해 노인과 고령자의 이원화부문을 분석한다.

56

(2) 고령자고용 인력관리

우리나라는 2000년에 65세 이상의 노인 인구가 전체인구의 7%를 넘는 고령화 사회에 진입하였으며, 2004년 현재는 노인인구가 전체인구의 8.7%(417만 명)로 전국 247개 시·군·구 가운데 30개 시·군·구가 이미 전체인구 가운데 65세 인구가 차지하는 비율이 20%를 넘어서는 등 초 고령사회로 빠른 속도로 진행하고 있는 것으로 나타났다. 이와 같은 추세라면 2019년에는 나라 전체가 고령사회(14%), 2026년에는 초 고령사회(20%)로 진입할 것이라는 전망이다(통계청, 2004).

여기에 55세 이상의 고령자를 합하면 2004년 현재 8백만 명을 넘어서는 실정이다. 이들 가운데 건강한 자는 얼마나 되는지? 또 일하기를 원하고 일할 수 있는 건강을 가진 고령자는 얼마 인지? 원하는 직종은 무엇이며, 일할 수 있는 기술은 갖추고 있는지 아니면 재교육을 받아야 하는지 등, 급속하게 늘어나는 고령인력을 일관성 있게 관리해야 한다는 당위성을 인정하면서도 현재 우리나라는 고령고용 인력을 효율적으로 관리하지 못하고 단순히 통계청의 통계에 의존하고 있는 실정이다. 본 연구는 다가오는 고령사회에 대비한 효율적인 고령인력관리와 관련한 전담기구의 필요성을 집중 분석한다.

(3) 운영 및 전달체계

현재 우리나라의 고령자와 노인관련 정부 기구는 보건복지부 사회복지정책실 산하에 노인복지정책과, 노인요양보장과 그리고 노인지원과 등 3개과가 있고, 노동부에는 고용정책실 산하에 청년고령자고용과가 있다. 그리고 광역시·도에는 약간의 차이는 있으나 서울시의 경우 복지여성국 산하에 노인복지과가 있고, 광역시의 경우 보건복지여성국 산하 복지정책과에 노인복지 담당자가 있다.

각 도에는 복지여성국 산하 사회복지과에 노인복지 담당자가 있을 뿐이다. 그리고 기초자치단체인 시·군·구에는 사회복지과에 노인복지 담당자 한사람씩 편성되어 있다. 다시 말해 전국의 243개 시·군·구의 노인복지 담당자와 광역시·도의 담당과 그리고 보건복지부와 노동부의 관련 부서에서 고령자와 노인의 복지와 고용업무 정책이 입안되고 예산이 책정되어 사업으로 펼쳐지고 있다.

정책의 집행을 위한 기구는 보건복지부가 운영하는 지역사회시니어클럽(20개소), 대한노인회에 위탁된 노인취업알선센터(70개소)와 서울특별시에서 운영하는 고령자취업알선센터(14개소), 노동부에서 운영하는 고용안정센터(36개소) 등에서 일하는 담당자들에 의해서 운영되고 있다.

특히 정책의 집행기구들이 정책부서에 따라 이원화 되어 있으며, 집행을 위한 조직기구도 열악하여 고령자의 취업을 전담하기에는 운영과 전달체계상의 많은 문제점을 안고 있다. 본 연구는 정책 입안과 정책집행 과정에서 조직의 일원화와 예산확보 및 집행의 일원화 측면에서 집중 분석한다.

2) 고령자고용 프로그램 측면

(1) 고령자우선고용직종

노동부는 1991년 제정된 고령자고용촉진법 제15조에 의하여 고령자취업에 적합한 직종을 선정하고 1992년부터 2002년까지 4차례에 걸쳐 77개의 고령자 적합 직종을 선정·운영하였다. 노동부는 고령자우선고용직종으로 명칭을 바꾸고 2004년 6월 9일 공공부문 70개와 민간부문 90개 직종을 '고령자우선고용직종'으로 선정 고시했다(노동부, 2004).

이와 함께 보건복지부 산하 노인인력운영센터에서는 사회적 일자리라는 개념으로 공공참여형(11개 직종), 사회참여형(9개 직종), 시장참여형(9개 직종) 등 모두 29개 직종으로 대별하여 세부적인 일자리를 분류하고 있다(노인인력운영센터, 2004).

그러나 고령자우선고용직종이나 사회적일자리로 이원화되어 취업을 원하는 고령자들에게는 혼선을 야기하고 있다. 또 이 직종을 희망한 고령자와 노인들이 교육·훈련으로 이어지는 알선과 취업 실적이 두 분야 모두 없는 실정이다. 따라서 고령자우선고용직종과 사회적일자리를 통합하여 일원화하는 것과 연령대 별로 구분하며, 교육·훈련 체계와 연결시킬 수 있는가를 집중 분석한다.

(2) 고령자사업 실천기구

2004년 8월 현재 우리나라의 65세 이상 노인인구 수는 전체 인구의 8.7%이며, 2019년이면 14%를 넘어서면서 고령사회로, 2026년이면 20%를 넘어 초고령사회로 진입할 전망이다(http://kosicnso.go.kr). 이러한 우리나라의 고령자 증가 속도는 프랑스(104년), 미국(75년), 일본(25년)보다 더 빠른 세계 초유의 고령화 진전속도라고 할 수 있다.

이처럼 빠른 고령화에 인구고령화에 대응하는 고령자고용의 알선 및 취업률은 저조한 실정이다. 따라서 보다 적극적이고 포괄적으로 고령자고용을 수용하는 실천기구의 필요성을 분석한다.

(3) 취업알선센터의 운영

현재 고령자 고용 알선은 보건복지부에서 대한노인회에 위탁하여 운영하는 노인취업알선센터(70개소), 보건복지부에서 노인 자활기관으로 운영하는 지역사회 시니어클럽(20개소), 서울시에서 운영하는 고령자취업알선센터(13개소), 노동부에서 운영하는 고용안정센터(36개소)가 운영되고 있다.

이들 시설에서 취업을 원하는 고령자들의 구직신청을 받고 적절한 일자리와 연계시켜주고 직업교육·훈련, 일자리 발굴 등의 일을 하고 있으나, 노동부와 보건 복지부 그리고 서울시 등으로 취업시설들이 분산되어 있고, 적은 예산과 인력으로 운영의 영세성을 면치 못하고 있으며, 취업 알선 시설 간 net-work의 연결과 정보의 공유가 이루어지지 않아, 단순한 일자리 연계에만 급급한 실정이다. 이와 같이 보건복지부와 노동부로 이원화 되어있는 취업알선의 분산운영 측면을 심층 분석 한다.

제3장 고령자 고용 현황과 분석

제1절 고령자 고용정책 및 취업 현황

1. 고령자 고용 정책

우리나라의 고령화 정도는 비록 서구 국가들에 비해 낮다고는 하지만 사회보장제도의 미비와 빠르게 진행되고 있는 고령화 진전에 따라 고령자의 실업문제는 당장의 생계문제와 직결되는 경우가 많기 때문에 그에 대한 대책 마련의 시급성은 오히려 선진국 보다 우리가 더 크다고 할 수 있다.

이러한 문제의 절박성에 기초하여 일차적으로는 현재 고령자가 처한 생계문제를 완화 내지 해소하는 동시에 나아가 장기적인 안목에서 머지않아 다가올 고령사회를 준비한다는 차원에서 고령자고용을 증진하기 위한 다양한 대책들이 마련되어야 한다. 단순히 양적인 측면에서만 본다면 서구 국가들이 추진하고 있는 대부분의 정책들을 따라가고 있다고 할 수 있으나 이러한 정책들이 연계성을 갖고 체계적이고 조직적으로 추진되고 있느냐는 점에서 본다면 절박성은 매우 심각한 수준이라고 할 수 있다(보건복지부, 2003).

고령자의 고용을 증진하는 정책들의 법적근거가 되는 법률들은 고령자고용촉진법, 노인복지법, 고용보험법 등을 들 수 있다. 고령자고용촉진법은 고령자가 그 능력에 적합한 직업에 취업하는 것을 지원·촉진함으로써 고령자의 고용안정과 국민경제의 발전에 이바지함을 목적으로 1991년에 제정된 법령이다. 또 노인복지법은 비록 연령의 경계를 명확히 하고 있지는 않지만 대체로 65세 이상의 노인을 대상으로 하는 복지관련 내용을 담고 있다. 이와 함께 고용보험법은 고령자로 대상을 한정하지 않고 전체 근로자의 고용관련 문제를 다루고 있지만 고령자고용촉진장려금과 같이 고령자들만을 대상으로 한 세부적인 프로그램을 가지고 있다.

정부의 고령자 고용활동지원은 노동부의 고령자고용촉진법과 보건복지부의 노인복지법 등 두 가지 법적근거에 의해 수행되고 있으나, 두 법안이 정책대상으로 하고 있는 고령자의 연령기준이 각각 다르게 규정되어 있다. 고령자고용촉진법에는 고령자를 55세 이상으로 하고 있으며, 노인복지법에서는 노인의 연령 정의를 명확히 하지 않고 있으나 경로연금 지급시기와 노인복지시설 입소기준을 65세 이상으로 하고 있어 대상 연령층을 다르게 규정하고 있다(장옥주, 2003).

본 절에서는 고령자고용과 관련된 고령자고용촉진법과 노인복지법 그리고 고용보험법과 관련된 세부 프로그램과 현황을 살펴보고자 한다.

1) 고령자고용촉진법

고령자고용촉진법은 고령자가 그 능력에 적합한 직업에 취업하는 것을 지원·촉진함으로써 고령자의 고용안정과 국민경제의 발전에 이바지함을 목적으로 하는 법이다. 이 법은 고령자 고용에 관한 정부의 책무, 사업주의 책무, 고령자의 고용차별 금지에 관한 사항을 명시하고 있다. 정부의 고령자 취업지원과 관련하여 노동부장관은 구인·구직 정보수집, 고령자에 대한 직업능력개발훈련, 사업주에 대한 고용지도, 사업주의 고령자 교육·훈련 및 직업 환경개선에 대한 지원, 고령자의 취업알선 기능강화, 고령자고용정보센터의 운영, 고령자 인재은행의 지정, 고령자 인재은행의 지정취소 등에 관

한 노력과 지원을 기울여야 할 것을 규정하고 있다(황진수, 2000)

동 법은 고령자의 고용촉진을 위해, 대통령령이 정하는 일정 수 이상의 근로자를 사용하는 사업주는 기준 고용율 이상의 고령자를 고용하도록 노력해야 한다는 사업주의 고령자고용 노력의무와 함께, 노동부 장관이 요청할 경우 사업주의 고령자 기준 고용율 이행계획을 수립 제출해야 하며, 정부와 노동부장관은 고령자 고용촉진을 위한 세제지원, 우선고용직종의 선정, 우선고용직종에 대한 고용, 고용확대의 요청, 내용 공표 및 취업알선 중단 등에 관한 노력을 기울이도록 명시하고 있다.

이와 함께 우리나라 법령의 경우 구체적 정년연령에 관한 명시사항은 없으나, 사업주가 근로자의 정년을 정하는 경우에는 그 정년이 60세 이상이 되도록 노력하여야 한다고 밝히고 있다. 또한 대통령령이 정하는 일정 수 이상의 근로자의 사업주가 정년을 현저히 낮게 정한 경우 노동부장관은 사업주에 관한 계획을 작성하여 제출할 것을 요청할 수 있으며, 이 계획서가 적절하지 않다고 인정될 때 그 계획의 변경을 권고 할 수 있다. 이 밖에, 정년 퇴직자의 재고용, 재고용 지원, 정년연장에 대한 지원 등에 관해 명시되어 있다. 노동부 장관은 위의 사항과 관련된 보고와 검사, 과태료 등에 관한 권한을 갖게 된다.

또한 고령자고용촉진법 시행령에서는 고령자를 55세 이상, 준 고령자는 50세 이상으로 규정하고 있고, 기준 고용 율이 적용되는 사업주는 상시 300인 이상의 근로자를 사용하는 사업장으로 당해 사업장 상시 근로자수의 100분의 3을 규정하고 있다. 또한 사업주는 고령자 우선고용직종제도에 따라 우선고용직종에 대한 채용현황 제출, 정년연장에 관한 계획의 작성·제출 사업주, 권한의 위임, 과태료의 부과 등에 책임이 있음을 명시하고 있다.

2) 노인복지법

노인복지법 제 3장 보건·복지조치에 관한 법령 제23조에서 국가 또는 지방자치단체는 노인의 사회참여 확대를 위하여 노인의 지역사회봉사활동기회를 넓히고 노인에게 적합한 직종의 개발과 그 보급을 위한 시책을 강구하며, 근로능력이 있는 노인에게 일할 기회를 우선적으로 제공하도록 노력하여야 한다고 명시하고 있다. 국가 또는 지방자치단체는 노인의 지역봉사 활동 및 취업의 활성화를 기하기 위하여 노인지역봉사기관, 노인취업알선기관 등 노인복지관계기관에 대하여 필요한 지원을 할 수 있다고 명시하고 있다. 또한 25조에서, 생업지원과 관련하여, 국가 또는 지방자치단체 기타 공공단체가 설치·운영하는 공공시설 안에 식료품·사무용품·신문 등 일상생활용품의 판매를 위한 매점이나 자동판매기의 설치를 허가 또는 위탁할 때에는 65세 이상자의 신청이 있을 경우 이를 우선적으로 반영하도록 하고 있다.

이와 함께 노인복지법 제24조에서는 국가 또는 지방자치단체는 사회적 신망과 경험이 있는 노인으로서 지역봉사를 희망하는 경우에는 이를 지역봉사지도원으로 위촉할 수 있다고 규정하고 있다. 지역봉사지도위원의 업무는 국가 또는 지방자치단체가 행하는 업무 중 민원인에 대한 상담·조언, 도로 교통정리, 주·정차단속 보조, 자연보호 및 환경침해 행위단속보조와 청소년선도, 충효사상, 전통의례 등 전통문화의 교육, 문화재보호 및 안내, 기타 대통령령이 정하는 업무로 규정하고 있다.

3) 고용보험법

고용보험법은 고용보험의 시행을 통하여 실업의 예방, 고용의 촉진 및 근로자의 직업능력의 개발·향상을 도모하고, 국가의 직업지도·직업소개기능을 강화하며, 근로자가 실업한 경우에 생활에 필요한 급여를 실시함으로써, 근로자 생활의 안정과 구직활동을 촉진하여 경제·사회발전에 이바지함을 목적으로 하고 있다.

고용보험법 제18조에서, 고령자고용촉진을 명시하고 있는데, 노동부 장관은 고령자가 노동시장에서 취업이 곤란한자의 고용을 촉진하기 위하여 고령자 등을 새로이 고용하거나 기타 이들의 고용안정에 필요한 조치를 취하는 사업주에 대하여 대통령령이 정하는 바에 따라 필요한 지원을 할 수 있다고 명시하고 있다.

고용보험법 시행령 제22조에서는 고령자고용촉진 장려금을 수급받을 수 있는 사업주의 요건에 대해 명시하고 있고, 제26조에서는 고령자고용촉진장려금을 포함한 다른 장려금들이 고용유지 지원금과 중복되지 못하게 규정하고 있다. 제45조에서는 60세 이상의 고령자 중 실업인정의 특례를 신청할 경우 고용보험의 혜택을 받을 수 있음을 명시하고 있다.

고용보험법 시행규칙 제31조에서는 "노동부령이 정하는 고령자 고용비율"을 100분의 6으로 규정하고 있다. 제 32조는 고령자고용촉진 장려금의 지급 신청에 대해 제32조 2항에서는 고용보험 시행령 제22조에서 규정한 "노동부령이 정하는 사유로 퇴직한 자"를 구체적으로 명시하였고, 제32조의 4항에서는 고령자재고용지원대상 제외근로자에 대해 설명하였다. 제35조와 제49조에서는 고령자 고용촉진 장려금의 지급, 고령자 실업특례신청 통보에 관한 사항을 명시하고 있다.

2. 고령자 고용 프로그램

고령자 취업은 복지적 측면과 인력활용이라는 두 가지 측면에서 긍정적인 효과를 기대할 수 있다는 인식하에 노인취업 상담 및 알선을 통하여 노인들에게 여가 선용 및 소득을 올릴 수 있는 기회를 부여하고자 1981년 노인능력은행을 설치·운영하도록 하였고, 1986년에는 취업이 어려운 노인들에게 소득기회를 제공하기 위하여 노인공동작업장을 설치·운영토록 하였다. 또한 1991년에는 고령자고용촉진법을 제정하여 더욱 적극적으로 노년층의 취업활성화를 시작하였다.

1) 노인취업알선센터

보건복지부에서 지원하고 있는 노인취업알선센터는 노인들의 취업상담 및 취업알선을 위해서 1981년 노인인력은행으로 처음 시작하였으나 1997년 노인취업알선센터로 명칭이 변경되었으며, 2000년 1월 현재 전국에 70개의 센터가 대한 노인회 시·도연합회 및 시·군·구 지회에 설치되어 운영되고 있다. 현재 정부에서는 센터 1개소당 50만원의 운영비를 지원해주고 있으며, 이에 소요되는 예산 4억 2천만 원을 전액 국가에서 보조해 주고 있다(보건복지부, 2000). 노인취업알선센터 운영자를 포함한 각 노인회 지회장은 노동부 지방사무소 및 각급 지방단체, 기업체와 유기적인 협조체계를 유지하고 노인적성에 맞는 직종을 광범위하게 개발하여 일일고용과 같은 단기취업은 물론 장기취업화가 이루어지도록 대책을 강구하고 있다.

2) 고령자 취업알선센터

서울시에서 지원하고 위탁 운영하는 고령자취업알선센터는 전국경제인연합회의 기금 8억원을 지원받아 1992년부터 고령자취업알선센터를 설립하였다. 2004년 현재 14개의 센터를 운영하고 있으며, 이들 센터의 운영은 노인복지관련 사회복지법인과 비영리법인이 담당하고 있다. 고령자취업알선센터에서 실시하고 있는 사업은 노인인력의 유휴노동력 활용과 소득증대 및 여가선용에 목적이 있다.

55세 이상의 고령인구 및 노인인구 업체를 대상으로 상담을 실시함으로써 노인들의 적성과 능력에 적합한 직종을 발굴하여 취업을 알선하고, 직업교육훈련을 실시하며, 사후관리를 주요 내용으로 하고 있다. 나아가 장·단기 취업알선 시책을 마련하여 노인들의 실질적인 소득보장대책을 강구하고, 노후생활을 보람 있게 영위하기 위하여 고령자 취업알선센터를 설치·운영하고 있다.

3) 노인공동작업장

노인의 적성과 능력에 맞는 일거리를 마련하여 노인에게 소득기회 및 여가선용의 기회를 제공하기 위하여 1986년 설치·운영되고 있다. 작업장 설치가 가능한 공업단지나 경로당 또는 노인복지시설을 활용하여 지역적 특성 및 노인의 적성과 능력에 적합한 직종을 선정하여 발생된 이익금을 노인에게 배당하는 제도이다.

대한노인회 소속기관에 작업장이 설치되어 있을 경우는 대한 노인회가 관내업계와 연계하여 일감을 주선하는 등 행정지원 및 지도와 감독 책임이 있고 노인복지시설에 작업장이 설치될 경우에는 시·군·구가 행정지원과 함께 지도와 감독 책임이 있다.

2000년 현재 전국에 510개소의 노인공동작업장이 있으며, 작업장 설치에 소요되는 예산을 국가와 지방자치단체가 각각 50%씩 지원해 주고 있다. 1999년 30개소에 개소당 6백만 원을 지원하여 국가에서 모두 9천만 원의 예산을 지원해 주고 있다. 노인공동작업장의 공동작업 직종으로는 제품의 조립, 가공, 농산물 재배, 수공예, 봉투제작 등인데 이러한 작업을 통하여 얻은 수입은 극히 낮고 일자리가 충분히 확보되고 있지 않아 작업장 중 약 20% 정도만이 가동되고 있는 실정이다.

4) 고령자 인재은행

노동부에서 지원하고 있는 고령자 인재은행은 노인들의 고용촉진을 위해 1991년 12월에 '고령자고용촉진법'을 제정하고 1992년 7월에 시행된 동 법에 의하여 1993년 7월부터 설치·운영되고 있다. 2000년 현재 전국 36개소이며, 서울은 7개소에 설치·운영되고 있다. 고령자인재은행은 시, 도 및 지방 노동관서 직업알선 창구와 연계하여 55세~70세의 고령자와 경로당에서 취업신청이 많은 70~89세의 노인연령층을 대상으로 구분하여 구인, 구직등록, 작업지도 및 취업알선과 취업희망 고령자에 대한 취업상담 및 정년퇴직자의 재취업 상담업무를 수행하고 있다. 알선하는 주 업종은 건물관리, 주차, 주유원, 아기 돌보기 등이며, 근무기간은 6개월~1년이 약 70%이고, 등록된 사업장일 경우 사무보조원 및 단순생산직이 30%에 이른다(황진수, 2000).

5) 지역사회 시니어클럽

노인들의 경륜을 활용한 경제사회활동 참여 확대를 통하여 활기찬 노년의 적성에 맞는 일거리를 제공하여 노인들에게 여가 선용 및 소득획득 기회를 제공하고자 하는 사업이다. 2001년도 5개소로 시작하여 2003년도 현재 20개소가 설치·운영되고 있다. 사업의 유형은 취업알선, 창업지원, 시장지향형 공동체 사업단, 공동작업장, 사회적 일자리지향 공동체사업단, 능력개발프로그램, 사회교육프로그램, 자원봉사프로그램 등이 있다. 2000년도의 경우 총 12억 4,500만원의 국고지원을 하였으며, 일자리 창출 실적은 1,200명에 불과 하다(보건복지부, 2003).

6) 기타 취업알선기관

고령자를 포함한 총체적인 취업알선을 담당하는 기관으로는 정부기관인 고용안정센터 내의 취업알선팀, 노동부 소속인 인력은행, 자치구 소속인 취업정보은행에서 업무를 담당하고 있다. 이러한 기관들은 노동부의 work-net을 통하여 고령자 취업을 담당하고 있으며, 자치구는 work-net뿐만 아니라 지역 내 사업체와 연결하여 취업알선을 제공하고 있다. 또한 고용안정센터는 센터에 고령자취업 담당자를 지정하여 취업알선을 제공하고 있다.

이상에서 살펴본 고령자 인력운영사업(프로그램)의 실시 현황을 정리하면 <표 3-1>과 같다.

<표 3-1> 고령자 인력운영사업 실시 현황

구 분	사 업	현 황
노동부	고령자취업 알선센터	· 근거법 = 고령자고용촉진법 · 서울시 고령자 취업알선센터(위탁운영방식) - 2003년 현재 14개소(개소당 약 4,600만원 지원, 전담직원 2명)
	고령자인재 은행과 고용 안정센터	· 근거법 = 고령자고용촉진법 · 1993년부터 설치·운영 - 2002년 현재 36개소(개소당 620,000원), 약 27,000명 취업
	고령자고용 촉진장려금	· 근거법 = 고령자고용촉진법, 고용보험법 · 고령자 다수고용촉진장려금, 고령자재고용장려금, 고령자신규고용촉진장려금
보건 복지부	노인취업 알선센터	· 근거법= 노인복지법 · 대한노인회 노인취업알선센터(위탁운영방식) - 2003년 현재 70개소(개소당 600만원 지원) - 전담직원 없음, 단기성 사업위주, 안정적 취업알선 정책이 아님,
	노인공동 작업장	· 1986년부터 시작된 사업 · 특별한 기술없이 가능한 소일거리 제공, 여가선용/경제적 도움 · 경로당, 노인복지관 등 630여개소 운영 중 · 포장상자 접기, 봉투제작, 제품 포장 정리 등 단순작업 · 2002년 국고지원=1개소 당 180만원으로 총 4,900만원 지원
	지역사회 시니어클럽	· 2001년도 5개소⇒2003년 현재 20개소 (개소당 1억 5천만 원 지원, 전담직원 5명) · 사업유형: 취업알선, 창업지원, 시장지향형, 공동체사업단, 공동작업장, 사회적일자리지향, 공동체사업단, 능력개발프로그램, 사회교육프로그램, 자원봉사프로그램 등(2000년 1,200명 일자리 창출)

자료: 보건복지부, 고령자 인력운영사업 활성화 방안, 2003, P.118. 3.

3. 고령자 취업의 현황

1) 일반현황

평균수명이 연장됨으로써 취업활동의 고령화 현상도 동시에 진행되고 있다. 즉 고령자의 취업활동비율이 전체 생산가능인구의 취업 참가 율 속도보다 훨씬 급속도로 증가하고 있다. 60세 이상 고령자의 경제활동 참가율의 추이를 보면 1970년에 25.7%였던 것이 1994년에는 38.1%에 이르고 있으며, 2000년에는 50.1%까지 상승하였다(통계청, 2004).

한편 고령자 취업현황을 기업체의 고령자고용비율에서 살펴보면, 회사나 각 사업자의 크기에 따라 차이가 있음을 보여준다(노동부, 2000). 즉 1993년도 5인 이상 전체 사업장의 근로자는 5천 7백만 명이었는데, 그 중 55세 이상의 근로자는 전체 근로자의 4.8%인 27만 6천 명 정도였다.

55세 이상의 근로자를 총 근로자의 3% 이상 채용할 의무가 있는 300인 이상 사업장을 보면, 고령자 근로자 수는 4만 3천명(전체 근로자의 2.6%)으로 기준 고용 율에도 미달 되었다. 1997년에는 5인 이상 사업장의 전체 근로자는 634만 명이었는데, 그 중 55세 이상의 근로자는 42만 2천명(전체근로자의 6.65%)으로 늘어났고, 300인 이상의 사업장에서도 고령근로자의 총 수가 5만 5천 837명(전체근로자의 3.46%)으로 증가 되었다(황진수, 2000).

<표 3-2> 60세 이상 노인의 취업인구 비율 추이

(단위: 천명, %)

연 도	노인취업인구 비율		
	계	남 자	여 자
1970	25.7	41.4	14.7
1980	28.1	44.7	16.9
1990	35.5	49.6	26.4
2000	46.4	56.8	36.0

자료: (http://nso.go.kr, 2004의 자료를 재구성.

고령자의 취업 참가율의 증가는 서비스 부문의 확대, 교육비 증가, 핵가족화의 진행과 함께 고령자 스스로의 경제적 자립성 확보 필요가 증대한 것에서 기인한다고 볼 수 있다(김미혜, 2000). 이러한 고령자의 경제활동 참가율은 다른 국가들과 비교하여도 낮은 편은 아니지만3) 1998년 한국 보건사회연구원 조사에 따르면, 현재 일을 하고 있는 노인 중 60.4%가 농림·어업 부문에 종사하고 있고, 그 다음으로는 단순 노무직에 종사하는 노인이 많아 21.5%이다. 사무직종과 서비스·판매직에 근무하는 노인은 10% 정도 차지하고 있다. 반면 화이트칼라 직종에 속하는 입법 공무원·고위임직원은 2.0%, 전문가는 1.9%, 기술공 및 준 전문직은 1.1%, 사무직은 1.2%로 매우 낮게 나타나고 있다. 결과적으로 노인취업이 정기적인 수입이나 생활안정의 측면에서 취약한 형태로 이루어지고 있으며, 따라서 높은 경제활동참가율이 곧 안정된 노후소득확보의 지표가 되기 어려움을 잘 나타내 주고 있다.

---

3) 고령자 경제활동 참가율은 국가간 비교하는 데에는 무리가 있지만 우리나라 고령자의 경제활동 참가율은 일본, 스웨덴과 함께 60%를 웃돌고 있다(김미혜, 2000)

<표 3-3> 노인취업의 현황

취 업 실 태		전　체 (%)
취　업　중		29.0
직　종	고위 임직원 관리	2.0
	전　문　가	1.0
	기술공 및 준전문가	1.1
	사무직원	1.2
	서비스 판매직 근로자	8.8
	농·어·축산업 종사자	60.4
	기능원 관련기능 근로자	2.7
	기계장치 조작원	0.4
	단순 노무직 근로자	21.5
비　취　업		71.0
계 (명)		100.0(2,371)

자료: 한국 통계청 (http://wwwsearch.nso.go.kr) 2002의 자료를 재구성

2) 고령자취업알선센터 운영 현황

　본 연구에서는 고령자의 취업욕구 실태와 노인 및 고령자취업센터의 운영실태는 한국노인문제연구소가 2000년 조사한 기존의 자료를 참고 하였다. 노인 취업알선센터 및 고령자 취업알선센터의 현황을 살펴보면 다음과 같다4).

---

4) 한국노인문제연구소가 2000년 11월 2일~11월 14일 까지 대한노인회 산하에 있는 70개소의 노인취업알선센터 가운데 68개소와 서울특별시가 운영하는 14개의 고령자취업알선센터 중에서 12개소를 포함한 68개소의 취업 담당 요원을 대상으로 조사한 자료를 참고한 것임.

노인취업알선센터는 노인취업상담과 취업알선을 통하여 여가선용과 소득증진기회를 부여하고자 1981년에 보건복지부가 대한 노인회로 하여금 설치·운영토록 한 것인데 2004년 현재 전국적으로 70개소의 노인취업알선센터가 개설 운영되고 있다. 또한 서울시가 주관하는 고령자취업알선센터는 1992년 7월부터 고령화 추세에 따라 늘어나는 노인의 복지수요에 부응하고 노인집약사업부문의 인력부족에 대비하여 노인인력을 활용하기 위해 60세 이상의 희망노인을 대상으로 22개구에 13개 광역(2004년부터는 14개) 으로 구분하여 운영하고 있다.

이와 같은 취업알선센터가 어느 정도 활성화 되고 있는지의 여부는 운영비의 다과 또는 전담요원이 몇 명 배치되어 있느냐와 상관관계가 있다.

<표 3-4> 노인취업알선센터와 고령자취업알선센터의
지역별 분포도

지 역	노인취업알선센터	고령자취업알선센터	합 계
읍면지역	5.9(4)	-	5.9(2)
중소도시	38.2(26)	-	38.2(26)
대 도 시	38.2(26)	100(12)	55.9(38)
합 계	56	12	100.0(68)

자료: 대한노인회, 한국노인문제연구소, (2000), p.101.

취업알선센터의 전담직원의 배치현황을 살펴보면 <표 3-5>와 같다. 대한노인회가 운영하는 노인취업알선센터의 경우는 1명만이 배치되어 있다는 곳이 94.6%였으며, 서울시가 운영하는 고령자취업알선센터는 2명씩 배치되어 있는 곳이 91.7%로 대다수를 차지하고 있다.

<표 3-5> 노인취업알선센터와 고령자취업알선센터의
전담직원배치현황

취업알선전담직원	노인취업알선센터	고령자취업알선센터	합 계
1 명 2 명 3 명	94.6(53) 3.6(2) 1.8(1)	8.3(1) 91.7(11)	79.4(54) 19.1(13) 1.5(1)
합 계	56	12	100.0(68)

자료: 대한노인회, 한국노인문제연구소, (2000), p.101.

　　정부와 지방자치단체로부터의 연간 보조금지원액 현황을 보면
<표 3-6>와 같이 노인취업알선센터는 7백만 원 내외가 45.5%,
500만원 내외가 36.4%, 천만 원 이상은 9.1%로 나타났으며, 한 푼
도 받지 않은 센터도 7.3%나 되었다. 반면 고령자취업알선센터는
천만 원 이상이 66.7%로 가장 많았으며, 5백만 원 내외는 16.7%로
대부분 5백만 원 이상의 보조금을 지원 받고 있는 것으로 나타났다.

<표 3-6> 정부/지방자치단체로부터의 연간 보조금지원액 현황

연간보조금 지원액	지 역		센 터 별		합 계
	읍·면· 중소도시	대 도 시	노인취업 알선센터	고령자취업 알선센터	
한푼도 못받음	3.4(1)	7.9(3)	7.3(4)	-	6.0(4)
백만원 내외	-	2.6(1)	-	8.3(1)	1.5(1)
3백만원 내외	-	5.3(2)	1.8(1)	8.3(1)	3.0(2)
5백만원 내외	41.4(12)	26.3(10)	36.4(20)	16.7(2)	32.8(22)
7백만원 내외	41.4(12)	34.2(13)	45.5(25)	-	37.3(25)
천만원 이상	13.8(4)	23.7(9)	9.1(5)	66.7(8)	19.4(13)
합 계	100.0(29)	100.0(38)	100.0(55)	100.0(12)	100.0(68)

자료: 대한노인회, 한국노인문제연구소, (2000), p.102.

구직을 신청해 오는 고령자들에게 어느 정도의 취업알선 성과를 거두고 있는지를 조사한 결과 <표 3-7>과 같다. 조사 편의상 3개월 이상 근무한다는 조건으로 취업시켜 주는 경우를 장기취업으로, 그 이하의 짧은 기간 일할 것을 목적으로 고용되는 경우를 단기취업으로 구분 하였다. 한 개의 알선센터의 월 평균 구직자 수는 월간 20-50명 내외의 구직요청이 64.7%로 가장 많았다.

<표 3-7> 취업알선센터의 월 평균 구직 신청자 수

구직 신청자 수	노인취업알선센터	고령자취업알선센터	합　계
10명 내외	37.6(21)	-	30.9(11)
15명 내외	1.8(1)	16.7(2)	4.4(3)
20명 내외	16.1(9)	41.7(5)	20.6(14)
30명 내외	12.5(7)	41.7(5)	17.6(12)
50명 이상	32.1(18)	-	26.5(18)
합　　계	100.0(56)	100.0(12)	100.0(68)

자료: 대한노인회, 한국노인문제연구소, (2000), p.103.

　　장기취업을 알선해준 실적을 살펴보면 <표 3-8>과 같다. 대한노인
회가 주관하는 노인취업알선센터의 경우는 '연간 20-40명 미만'의
취업을 알선해 준 곳이 32.1%로 가장 많았고, 고령자 취업알선센터
의 경우는 '연간 40-60명 정도를 취업시켜 주었다는 곳이 33.4%였
으며, 연간 100 이상의 취업알선 실적이 있다는 곳은 14.7%에 이르
고 있다.

<표 3-8> 취업알선센터의 연간 장기취업알선 실적

연평균 취업알선인원	노인취업알선센터	고령자취업알선센터	합 계
20명 미만	19.7(11)	16.7(2)	19.1(13)
20-40명 미만	32.1(18)	-	26.5(18)
40-60명 미만	7.1(4)	33.4(4)	11.8(8)
60-80명 미만	7.1(4)	25.1(3)	10.3(7)
80-100명 미만	19.7(11)	8.3(1)	17.6(12)
100명 이상	14.2(8)	16.7(2)	14.7(10)
합 계	100.0(56)	100.0(12)	100.0(68)

자료: 대한노인회, 한국노인문제연구소, (2000), p.104.

또한 단기취업을 알선해 준 실적을 알아본 조사에서는 〈표3-9〉에서 보는 바와 같이 연간 400명 이상의 노인에게 일자리를 알선해 주었다는 곳이 노인취업알선센터는 33.9%, 고령자취업알선센터는 25.1%에 이르고 있다. 단기취업이라 함은 대부분 1일 취업의 일손 돕기의 성격을 띠고 있었다. 연간 400명을 취업시켰다고 하면 이것은 월 평균 30명 내외의 고령자에게 단기취업을 알선해 주고 있음을 뜻한다. 따라서 현재 노인취업알선센터는 업무성적이 부실한 상태임을 알 수 있다.

<표 3-9> 취업알선센터의 연간 단기취업알선 실적

연평균 취업알선인원	노인취업알선센터	고령자취업알선센터	합　계
100명 미만	21.4(12)	25.1(3)	22.1(15)
100-200명 미만	8.9(5)	8.3(1)	8.8(6)
200-300명 미만	8.9(5)	16.7(2)	10.3(7)
300-400명 미만	23.2(13)	25.1(13)	23.5(16)
400명 이상	33.9(19)	25.1(13)	32.4(22)
무 응 답	3.6(2)	-	2.9(2)
합　계	100.0(56)	100.0(12)	100.0(68)

자료: 대한노인회, 한국노인문제연구소, (2000), p.105.

3) 노인인력운영센터 운영

　급속히 다가오는 고령화 사회에 대비하여 노인의 능력과 적성에 맞
는 일자리의 개발과 일자리사업을 체계적으로 관리할 전담기구의 필요
성이 대두하여 노인에게 적합한 일자리를 창출·제공함으로써 노인의
삶의 질 향상과 더불어 국가경쟁력 강화의 기틀 마련이라는 목적으
로 보건복지부가 국민연금관리공단에 노인인력운영센터를 2004년 1
월부터 설치·운영하고 있다. 센터의 기능은 ① 노인인력에 대한 수
급동향 및 실태분석, ② 노인일자리 및 교육훈련 프로그램 개발·보
급, ③ 노인일자리 운영 프로그램의 지속적 유지·관리, ④ 지역사회
노인복지 관련 시설 및 단체 연계·조정, ⑤ 노인 일자리사업 운영에
대한 평가관리, ⑥ 노인인력 D/B 구축 및 정보연계 등으로 하고 있다
(국민연금관리공단, 2004).
　노인의 능력과 적성에 적합한 노인일자리사업을 위해 2004년부터
2007년까지 노인일자리 30만 여개 창출을 위해 보건복지부와 각 지

자체가 국비와 지방비 251억원을 들여 시행하는 한시적 프로그램이기는 하나 기존 노동시장 체계로는 노인일자리 마련이 갈수록 어려워짐에 따라 노인인력활용 인프라 구축이라는 측면에서도 긍정적인 평가를 받고 있다.

노인인력운영센터의 사업유형은 <표 4-4>과 같이 ① 공공참여형, ② 사회참여형, ③ 시장참여형으로 크게 분류하여 추진하고 있는데 노인들의 능력과 적성에 맞고 시간적 연속성과 공간적 실체를 갖춘 '일거리'(단편적인 활동내용 중심)와는 구분되는 개념으로 참여대상은 65세 이상의 일할의사와 능력이 있는 노인들로 하고 있다고 하지만 일자리 예시가 구인처의 욕구가 얼마나 반영되었는지에 대해 의문이 제기되고 있다(노인인력운영센터, 2004).

사업의 성격·시장경쟁력을 고려하여, 55세 이상도 가능하지만 기초생활보장 수급자는 제외하고 있다. 근무형태는 1일 3-4시간 주 3-5일을 6개월 단위로 계약하며, 보수는 월 20만원을 지급 받는다. 결국 노인일자리 사업은 노인들의 사회참여를 유도, 건전한 고령화 사회조성에 큰 도움이 될 것으로 기대하고 있고, 노동력을 가지고 있는 차 상위 계층 노인에게 유익한 공공형사업의 프로그램이라고 하지만 노인일자리 사업의 성공적 연착륙을 위해서는 노인의 취업욕구에 알맞은 프로그램 개발과 아울러 지자체의 시행을 위한 하부조직과 전달체계 등 제도적 정착을 위한 장치가 미흡한 것이 사실이다.

<그림 3-1> 노인인력운영센터의 업무 체계도

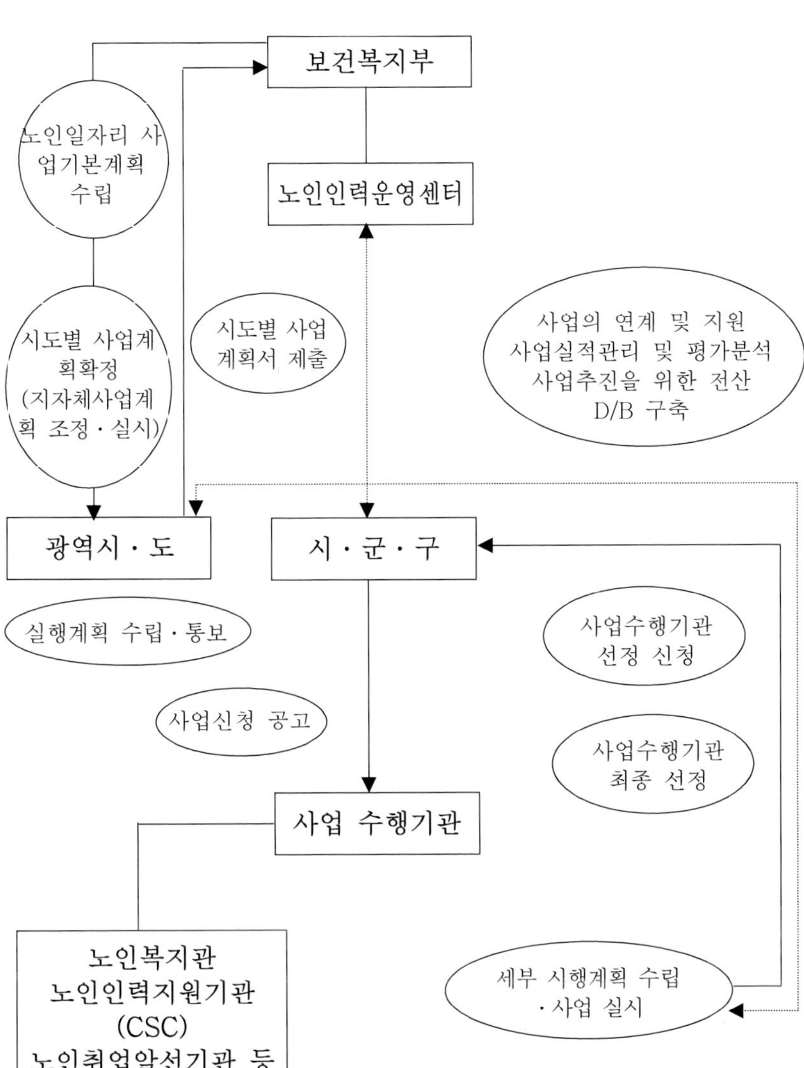

* 노인지킴이 등 보수지원사업은 시·군·구청장이 읍·면·동 조직을 활용
하여 직접 사업수행
-자료: 보건복지부, 2004년도 노인 일자리사업 안내, 2004. P.7.

특히 노인의 일자리사업으로 규정된 직종들은 정책부서에서는 보건복지부를 비롯한 노동부, 행정자치부, 교육인적자원부, 문화관광부, 환경부 등으로 그 영역이 다양해 예산을 확보하는 것도 여러 부서로 분산되어 있는 실정이다. 따라서 사업예산을 반영하여 확보하는 데는 분산해서 확보하지만 이를 집행하는 절차는 전담기구를 통해 일원화 되어야 하기 때문에 고령자고용과 관련한 가장 적절한 부서의 통제를 받으면서 효율적인 사업의 추진을 위해 정책부서들과 연계할 수 있어야 한다.

그러나 현재의 노인인력운영센터는 보건복지부 산하 국민연금관리공단에 속해 있어 국민연금관리공단의 기본임무와 연관성이 적고, 지방자치단체와의 효율적인 전달체계를 유지하는데도 많은 문제점을 안고 있다. 이러한 문제는 노인인력운영센터의 출발부터 태생적으로 안고 있는 문제점이라고 할 수 있다. 현재의 노인인력운영센터의 업무체계도는 <그림 3-1>와 같다.

제2절 외국의 고령자 고용정책

1. 미국의 고령자 고용정책 및 프로그램

1) 고령자 고용정책

(1) 미국노인법(The Older American Act)

미국노인법은 1965년 제정되어 미국 노인의 사회복지관련 서비스 욕구를 해결하기 위한 제도적 기반을 제공하는 근거법으로 활용되어 왔다. 일반적으로 미국노인법에 의해 제공되는 서비스는 60세 이상 모든 노인들의 자산과 상관없이 주어진다. 그러나 실제적으로 제한된 자원과 낮은 재정수준으로 서비스는 경제적으로 어려운 이들을 주 대상으로 하는 경향이 있다(황진수, 2002; 27).

미국 노인법은 노인을 위한 포괄적 서비스를 시행하기 위한 노인복지서비스 망(aging network)을 구성하여 보다 효율적으로 노인복지서비스를 전달토록 체계를 확립하고 있다. 즉 연방정부차원에서는 보건복지부안에 노인청(Administration on Aging: AoA)이라는 총괄기구를 설치하여 노인복지프로그램 및 사업의 집행, 예산집행을 주관하는 하는 기관의 역할을 수행하고 있다. 또한 주정부 차원의 노인사무소(State Units on Aging)가 설치되어 전국 노인복지기관들 간 긴밀한 협력 체제를 유지하면서 노인관련 서비스를 다양하게 제공하고 있다(원영희, 2001; 86),

연방 노인청은 정부에 의해서 임명된 연방노인최고 위원에 의하여 감독되고 있으며, 주요 기능은 노인의 욕구나 문제에 관련된 사항을 대통령과 연방 노인 최고위원에게 자문을 하며, 노인관련 정책과 프로그램을 평가하여 노인관련 부서에 권고한다. 주 단위에도 연방정부와 마찬가지로 주정부노인자문위원회가 구성되어 있고, 지역단위에는 지역노인자문위원회가 구성되어 있다<그림 3-2>

미국 노인법은 제정이후 수차례 개정되었으며, 2001년 11월에 개정된 법은 2005년까지 유효하다. 현행 노인복지법은 총 7편[5]으로 구

---

5) 제1편은 목적 및 정의; 제2편은 노인청; 제3편은 노인을 위한 주 및 지역차원 프로그램에 대한 연방보조금(Part A: 일반규정, Part B: 지원 서비스와 노인센터, Part C: 영양 서비스, Part D: 질병예방 및 건강증진 서비스, Part E: 국가의 가족 간병인 지원 서비스); 제4편은 훈련·연구 및 특수사업과 프로그램 개발(Part A: 지원금 프로그램, Part B: 일반규정); 제5편은 고령자 지역사회 서비스 고용프로그램; 제6편은 원주민을 위한 지원금(Part A: 원주민 프로그램, Part B: 하와이 원주민 프로그램, Part C: 원주민 부양자 프로그램); 제7편은 취약노인권리보호활동(Subtitle A: 주정부차원의 규정-Ch. 1 - 일반주정부 규정. 2-옴부즈맨 프로그램, Ch. 3-노인학대·유기·악용 예방 프로그램, Ch. 4-주법률 보조발달프로그램, Subtitle B: 원주민 단체지원, Subtitle C: 일반규정(원영희, 2001).

성되어 있다. 이들 중 노인소득보장과 관련된 분야는 제1편 목적 및
제5편 고령자 지역 사회 서비스 고용(Community Service Employ-
ment for Older Americans; CSEOA) 등이다.

<그림 3-2> 미국의 노인복지서비스 연계망(Aging Service
Network)

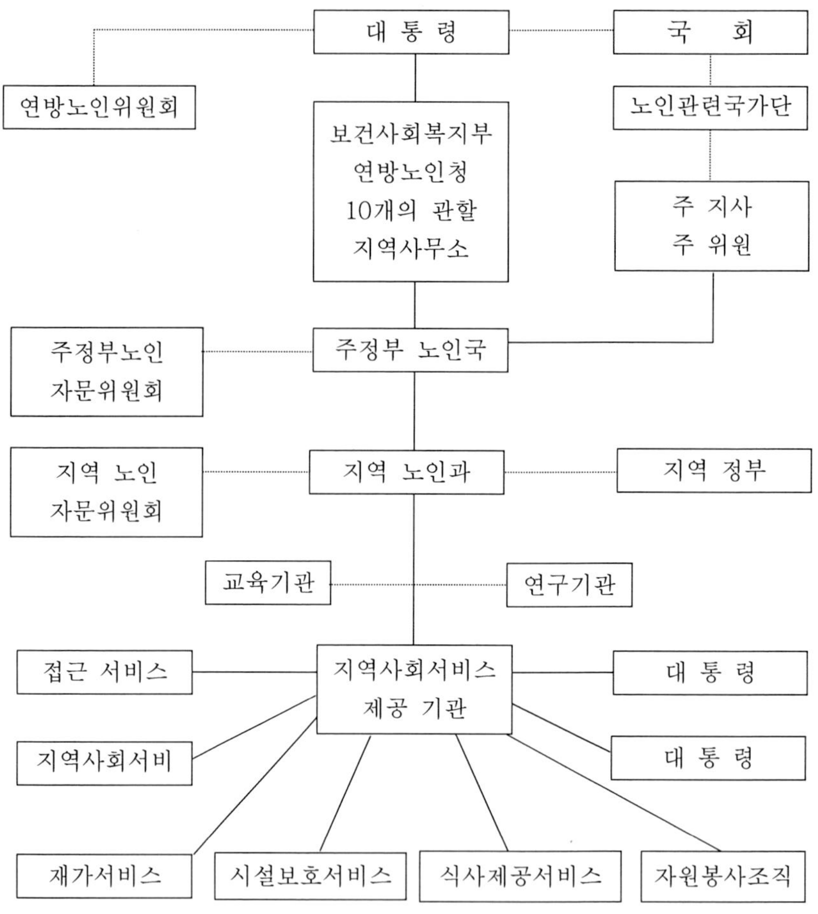

자료: 유성호 외, 노인 복지론, 아시아미디어 리서치, 2002, p.76에서 재인용.

제1편에서 노인복지법의 목적을 10개 항으로 나누어 명시하고 있는데, 특히 제1항에서 퇴직자에게 미국의 표준 생활기준에 부합하는 적절한 소득을 보장해 주는 것, 제5항에 연령으로 인한 고용기회의 차별을 예방하고 노인고용기회의 확대도모를 명시함으로써 미국노인소득보장 및 고용기회의 차별금지와 이의 확대를 규정하고 있다.

제5편에서는 고령자 지역사회서비스 고용 지원에 대해 규정하고 있다. 이는 원래 1965년 경제기회법(Economic Opportunity Act: EOA)에 의해 만들어진 내용으로 1978년 수정되어 노인복지법 일부로 구체화 되었다. 이 법안에서는 55세 이상 저소득 실업노인을 위해 지역봉사활동을 할 수 있는 가능한 시간제 근무기회를 증진하기 위해 마련하였다. 특히 이 법은 주정부와 연방 정부가 반드시 수행해야 하는 특정 프로그램을 마련하고 이 프로그램에 대한 재정지원도 함께 이루어질 것을 명시하고 있다. 최근 개정된 2000년 수정안에서 제5편의 내용이 수정되었는데 목적에 있어서 개인의 독립성을 양성하고 공공 및 민간부문의 보조금이 지급되지 않는 고용을 통해 급여를 받는 수혜자를 늘리는 내용이 첨가되어 있다. 또한 실행책임제를 확립하고 노동력 투자법에 근거하여 보다 넓어진 노동력투자와의 관련성을 강화하고, 노인에게 서비스의 조정 및 프로젝트의 적절한 분배를 확보하도록 각 주마다 계획안개발시보다 광범위한 참여를 명시하였다(원영희, 2001; 89).

(2) 고용상 연령차별금지법(Age Discrimination in Employment Act: ADEA)

고용상 연령차별금지법은 1967년 제정되었는데, 당시에는 40세 이상 65세 이하의 근로자에 대한 강제퇴직을 금지하도록 하였다. 그 후 1978년 법의 제정시 의무퇴직연령을 65세에서 70세로, 그리고 1986년 법의 개정시 의무퇴직 연령을 일부 특수 직종을 제외하고 아예 없애버려 연령상의 이유로 강제퇴직을 할 수 없도록 금지하기에 이르렀다(원영희, 2001). 따라서 이 법은 사회에서 노인들에게 연령을 이유로 강제퇴직을 요구할 수 없으며, 퇴직은 오직 노인들의 개별적 판단에 의거하여 결정되어야 한다는 것이다. 또한 ADEA는 고용과 직업교육 그리고 훈련의 기회나 제반 사회적 서비스를 제공받음에 있어서 연령상 차별을 금지함으로써 고령자들의 취업과 교육 그리고 훈련과 서비스 수혜에 대한 제도적 보장을 확보하도록 하였다(이가옥·최유진, 2000).

(3) 고령노동자 이익보호법(Older Workers Benefit Protection Act: OWBPA)

고령노동자이익보호법은 고령노동자들의 경제활동에 있어서 이익을 보호하고 고령자의 노동참여저하현상을 억제하기 위해 1990년에 제정되었다. 이법의 제정배경에는 연령에 의한 고용차별금지법(ADEA)이 시행되었음에도 불구하고, 실제상황에서 고령노동자의 경제활동의 참여가 활발하지 않은 채 여전히 65세를 전후로 퇴직이 이뤄지고 있다는 상황에 대한 인식이 있었기 때문이다(원영희, 2001; 90).

(4) 직업훈련 협력법(Job Training Partnership Act: JTPA)

직업훈련법은 포괄적 고용과 훈련에 관한 기본법(Comprehensive Employment and Training Act: CETA)을 대치하는 법으로 1982년에 제정되었다. CETA는 공적서비스와 관련한 일을 창출하는데 반해 JTPA는 공적영역이 아닌 사적영역에 이미 존재하는 일에다 구직자를 배치시키는 것을 목적으로 하는 것이다. 그러나 CETA프로그램이 잘못된 행정과 정치적 압력으로 부정적 결과를 초래하였는데 즉 방만한 행정과 공적인 일에 정치가들이 이 프로그램을 악용하는 측면이 있었다.

이러한 문제점을 해결하기 위해 레이건 행정부에서 JTPA를 제정하기에 이르렀다(Segal & Brzuzy, 1998). 직업훈련법은 55세 이상 실업자와 저소득층 노인 등 노동시장에 불리한 위치에 있는 이들에게 생활비의 일부 지원과 다양한 직업훈련을 제공하고, 교육 후 적당한 직장에 배치시키는 것을 규정하고 있다. 동법 제2편에서는 고령노동자를 위한 사항을 명시하고 있으며, 주정부가 훈련을 위한 재정의 3.0%를 고령노동자를 위해 사용해야 한다고 규정하고 있다(원영희, 2001; 91)

(5) 국내자원봉사법(Domestic Volunteer Services Act)

현재 미국의 자원봉사활동에 관한 법은 「국내자원봉사법」과 「국가·지역사회봉사법」으로 이원화되어 있다고 할 수 있다. 전자는 주로 미국 내의 빈곤 및 빈곤관련문제의 해결을 위한 자원봉사프로그램을, 후자는 주로 국가 또는 지역사회의 교육·환경·공공안전 등에 주민참여를 유도하는 프로그램들을 규정하고 있다. 1993년에 개정된 동법은 "오랜 미국역사 속에서 자원봉사활동이 중요하였기 때문에 특별히 청년과 노인들을 통하여 자원봉사활동의 전통을 촉진하는 것을 정책으로 한다."

동법은 빈곤자와 빈곤관련문제를 봉사활동의 대상으로 하는 전국빈곤퇴치자원봉사프로그램(National Volunteer Antipoverty Programs)과 은퇴자 및 노인들이 주체가 되는 전국노인자원봉사단(National Senior Volunteer Corps)을 중심으로 규정하고 있다.

다시 빈곤퇴치프로그램에는 미국조국자원봉사자프로그램(Volunteers in Service to America: VISTA) 과 전국노인자원봉사자 프로그램 등을 두고 있다. 전국노인자원봉사프로그램에는 은퇴노인자원봉사프로그램(Retired and Senior Volunteer Program), 양조부모 프로그램(Foster Grandparent Program), 고령자 말벗프로그램(Senior Companions Program) 등을 두고 있다(http://education.sangji.ac.kr).

2) 고령자 고용관련 프로그램

미국의 고령자고용프로그램은 그 종류가 다양하고 주관기관도 연방정부와 주 정부, 그리고 각종 민간단체 등의 여러 곳에 걸쳐 있어 전체적인 모습을 파악하기가 쉽지 않다. 예를 들면 고령자 지역사회서비스 고용 프로그램은 노인복지법에 근거해 마련되었지만 프로그램의 운영과 관리는 노동부에 의해 수행되고 있다. 노동부의 고용훈련청은 정부기관과 몇몇 공공 및 사립 비영리기관 그리고 적합한 단체들에게 프로그램을 위탁하여 운영하고 있기 때문이다.

따라서 본 연구에서는 현재 미국 전역의 10개 비영리기관에서 위탁 운영되고 있는 다양한 프로그램들 중에서 가장 대표적인 것으로 전국노인협회(National Council of Senior Citizens)가 실시(황진수, 2001)하고 있는 고령자 지역사회서비스 고용프로그램 중에서 고령자 지원 프로그램과 녹색손길 프로그램 그리고 국립 노인봉사단(National Senior Service Corps)에서 실시(원영희, 2001)하고 있는 대표적인 프로그램인 고령자 말벗 프로그램과 양조부모 프로그램에 대해 살펴보고자 한다.

(1) 고령자 지역사회서비스고용프로그램(Senior Community Service Employment Program: SCSEP)

고령자 지역사회서비스 고용 프로그램은 1965년 경제활동 기회에 관한 법에 의해 먼저 농촌지역을 중심으로 가난하고 만성적인 실업상태에 있는 고령자들의 취업을 지원하는 시범사업으로 시작되었다. 1967년 노동부 소관으로 옮겨진 이 프로그램은 1973년에 다시 고령자를 위한 포괄적 서비스 개정법 제9조로 수정 되었다.

이후 1978년 노인복지법의 개정과 함께 고령자 지역사회서비스 고용 프로그램으로 불리게 된 이 프로그램은 55세 이상의 저소득 고령자들이 지역사회서비스에 참여할 수 있는 시간제고용기회의 활성화와 직업 훈련을 제공하기 위해 만들어 졌다.

구체적으로 이 프로그램은 ① 경제적으로 어려운 55세 이상의 고령자들에게 시간제 고용기회 제공, ② 고령자능력·기술·적성 개발을 위한 재교육, ③ 대중교육과 성공사례 홍보를 통한 고령자에 대한 부정적 인식개선, ④ 혁신적인 노동대안과 재취업훈련 및 취업기회를 마련하는 프로젝트 개발을 주요목표로 삼고 있다.

이 프로그램의 참여 대상은 보건복지부에 의해 발표된 빈곤 수준의 125%를 넘지 않는 55세 이상의 고령자 들이며, 지역의 다양한 비 영리기관 및 공공기관에 배치되어 주당 20시간씩 활동하고 최저임금을 받는다. 1988년 조사에 의하면, 이 프로그램에 참여한 고령자들의 활동내용 중 약 37%가 고령자들에 대한 서비스 제공이었고, 약 63%가 일반적인 지역사회서비스 활동이었다. 또한 이 프로그램에 참여한 대부분의 고령자들은 여성들이었고(69%), 약 25%가 70세 이상이었으며, 약 1/3이 소수인종이었다(황진수 외, 2000; 28).

고령자 지역사회서비스 고용프로그램은 노인복지법에 근거해 마련되었지만 프로그램의 운영관리는 노동부에 의해 수행되고 있다. 노동부의 고용훈련청은 정부기관과 몇몇 공공 및 사립 비영리기관 그리고 적합한 단체들에게 프로그램을 위탁하여 운영하고 있다. 이 프로그램은 고령자들에게 취업기회를 제공하는 것은 물론, 학교나 병원, 사회봉사기관 등에 다양한 지원을 제공함으로써 지역사회의 전반적인 복지향상에 기여하고 있다(Koff & Park, 1999). 현재 전국의 비영리기관에서 위탁운영하고 있는 다양한 프로그램들 중 가장 대표적인 것들을 소개하면 다음과 같다.

90

① 고령자 지원 프로그램(Senior Aids Program)6)

전국노인협회는 전국 2,000개 지부와 500,000명 이상의 회원으로 구성된 미국 최대의 비 영리조직중 하나이며, 주요 프로그램으로 고령자 직업알선을 하고 있다. 노동부의 보조금으로 운영하고 있는 고령자 지역사회서비스 고용프로그램은 대표적 고령자 지원프로그램이다. 이 프로그램은 전국 27개 주와 콜럼비아 지방에서 약 10,500명 이상의 전국 저소득 고령자들에게 직업을 제공하고 있으며, 참여자들은 주로 음식배달 활동이나 방과 후 교실 프로그램 운영자, 도서관 보조원, 교사보조, 컴퓨터 오퍼레이터, 접수원, 간병인, 교사, 경리, 운전사 등으로 주당 20시간씩 활동하고 최저임금을 받고 있다.

② 녹색 손길 프로그램(Green Thumb Program)7)

1965년 농촌지역의 불우한 미국인들을 위한 소규모의 시범 프로그램인 고령자 지역사회서비스 고용프로그램의 일환으로 인가된 녹색손길 프로그램은 고령자들과 불우한 노동자들을 위해 국가 주도의 지역사회서비스 훈련과 고용 기회를 제공하고 있다. 녹색 손길 프로그램은 노동부의 보조금으로 운영되고 있는 10개의 고령자 지역사회서비스 고용프로그램 중에서 가장 오래되고 규모가 큰 전국 프로그램이다.

현재 이 프로그램은 고령자뿐만 아니라 장애자, 저소득근로자들의 취업을 목적으로 다양한 직업교육훈련을 전개하고 있으며, 직업

---

6) 고령자 지원프로그램(Senior Aids Program) 에 관한 내용들은 이 프로그램을 운영하고 있는 비 영리단체인 전국 노인협회 http://www.ncscinc)를 참고로 하였다.

7) 녹색 손길 프로그램(Green Thumb Program) 에 관한 내용들은 30여 년간 이 프로그램을 운영해 오고 있는 비 영리단체 녹색 손길 협회(Green Thumb Inc) 의 홈페이지(http://www.greenthumb.org)자료를 참고하여 정리 한 것이다.

훈련협력 법에 근거하여, 고령자 직업훈련 프로젝트를 함께 운영하고 있다. 이 프로그램에서는 직업기술, 강의실 훈련, 현장훈련 등을 실시한다. 직업기술은 가정건강보조자, 간호조무사, 컴퓨터 오퍼레이터 등과 같이 성장 직종에 대한 최신기술을 훈련시키는 것에 중점을 둔다. 교실 내 훈련은 취업을 위해 참여자가 필요로 하는 기술을 개발시켜 주는데 중점을 두고, 현장훈련은 고용주의 기술을 활용하면서 특정기술을 요하는 특수직종의 훈련 등 전문 기술까지 차별화된 훈련을 실시하고 특별한 기술이 필요한 직업들은 고용주들에게 직접 훈련받을 수 있도록 한 다음, 참여한 고용주에게는 훈련에 필요한 비용을 환급해 주는 제도를 운영하고 있다. 그 밖에 직업체험 프로그램을 통해 나이나 소득에 관계없이 모든 고령자들이 자신의 기술과 능력, 선호하는 유형에 맞는 일자리를 찾을 수 있도록 직업체험의 기회도 제공한다.

녹색 손길 프로그램은 처음에 국립공원과 고속도로를 개선하는데 은퇴한 농부들의 경험을 활용하는 녹지관리 사업으로 4개주에서 작은 규모로 시작되었다. 이 프로그램에 참여한 고령자들은 지역사회 서비스를 통해 성취감을 얻게 되었고, 새로운 기술을 익히고, 체계적인 고용훈련도 받게 되었다. 지난 30여 년 동안 약 50만 명의 저소득 고령자들이 이 프로그램을 통해 지역사회에 기여 했는데 이들의 활동은 국가 전체에 유익한 영향을 미쳤다. 그 예로 1996년에는 이 프로그램에 참여한 27,000명의 고령자들이 미국 45개 주 10,500개 이상의 비영리기관 및 공공기관들에서 1,600만 시간에 이르는 지역사회 서비스를 제공했다.

(2) 전국 노인 봉사단(National Senior Service Corps) 고령자 고
   용 프로그램

55세 이상의 고령자들로 구성된 전국노인봉사단은 전국봉사연합
의 3개 하부 조직 중 하나로서 다양한 고령자 자원봉사 프로그램과
함께 소수의 고령자 고용 프로그램도 함께 운영하고 있다8). 전국노
인봉사단은 지난 30년 이상 약 50만 명의 노인들이 미국 전 지역에
걸쳐 1만여 곳에서 서비스를 제공하고 있다. 이 프로그램에 참여자
들은 역할과 봉사시간에 따라 임금이 지급되고, 봉사활동에 부수되
는 교통비, 식비 및 봉사활동에 소요되는 현금을 청구할 수도 있다
(김동배, 이윤화, 2003). 이 단체에서 실시하고 있는 대표적인 고령
자 고용프로그램으로는 고령자 말벗 프로그램과 양조부모 프로그램
을 들 수 있다.

① 고령자 말벗 프로그램

1968년 의회에서는 고령자들에 의한, 고령자들을 위한 봉사활동
활성화에 대한 주장과 논의들이 활발했다. 이에 따른 법률적 근거
마련을 위해 두 개의 시범 프로그램이 실시되었고, 마침내 1973년
국내자원봉사법 제2조가 통과되면서 1974년부터 본격적으로 고령
자 말벗 프로그램이 시작되었다. 그리고 1984년 국내자원봉사법 개
정과 함께 집안에서만 생활하는 거동이 불편한 고령자들을 지원하
는 프로그램으로 정식으로 인가받게 되었다(Koff & Park, 1999).

---

8) 전국봉사연합(Corporation for National Service)은 1993년 기존의 연방정부
   지원 하에 있는 봉사조직들을 하나로 통합하여 출범하였으며, 워싱턴에 본부를
   두고 있다. 전국봉사연합의 하부조직으로는 아메리코와 배움과 봉사, 전국 노
   인봉사단 3개가 있다. 먼저 아메리코 자원봉사자는 프로그램에 따라 10개월
   또는 1년 이상을 전임으로 일 하도록 하고 있으며, 지역사회 주민들의 삶의 조
   건을 향상시킬 수 있는 취업훈련사업과 주택개량 등의 환경개선사업에 중점을
   두고 있다. 배움과 봉사는 대학생들에게 봉사학습의 기회를 제공하는 것을 목
   적으로 운영되고 있다(이가옥, 1996).

고령자 말벗 프로그램의 이중적 목적은 55세 이상의[9] 저소득 고령자들에게 시간제 유급 자원봉사활동의 기회를 제공하는 것과, 일상생활의 어려움을 지닌 고령자들을 가정으로 방문하여 필요한 도움을 제공하고, 우정을 나누는 것이다. 이는 자력으로 일상생활을 영위하기 힘든 고령자들을 비싼 비용이 드는 사회복지시설에 수용하기 보다는 이들과 동년배인 고령자들이 방문하여 도움을 주게 함으로써 고령자들의 존엄성과 독립성 유지를 돕고 있다.

이 프로그램의 참여자들은 55세 이상의 고령자들로서, 활동에 필요한 건강상태를 유지하고 있으며, 연간 소득이 주(州)가 정한 기준 이하여야 한다. 또한 이들은 보다 질 높은 활동을 위해 40시간의 사전교육을 받아야 하며, 매달 정기적인 보수교육도 받아야 한다. 이들은 대체로 2-4명의 고령자들을 담당하며, 주당 20시간씩, 연 1,044시간을 활동한다(이가옥, 2000).

그 결과 지금까지 12,000여명의 고령자들이 고령자말벗 프로그램에 참여하여 혼자 사는 연약한 고령자 32,000여 명을 도왔으며, 이들의 활동시간은 1,200만 시간에 이른다. 또한 간호시설 운영비 및 서비스를 절약했다는 관점에서 이들의 활동을 금전적 가치로 환산해보면 약 15,000만 달러에 해당한다(황진수 외, 2000; 32). 이 프로그램 운영에 소요되는 예산 중 약 60%는 연방정부보조금으로 충당되지만 나머지 40%는 시민들의 자발적인 기부금에 의해 마련되고 있다[10].

---

9) 1994년까지는 60세 이상의 고령자로 규정되어 있었다.

10) 1994년 고령자 말벗 프로그램에 소요된 총 예산 2,980만 달러 중 정부보조금은 1,780만 달러였으며, 그 나머지는 각 주와 서비스를 받은 지역 시민들의 기부금으로 충당되었다.

94

② 양 조부모 프로그램

양 조부모 프로그램은 1965년에 시작되었으며, 55세 이상의 저
소득 고령자들이 특별한 욕구를 가진 아동 및 청소년들을 대상으로
할아버지·할머니와 같은 관계 형성을 통해 도움을 주는 프로그램
이다. 이 프로그램은 도움이 필요한 아동 및 청소년들의 삶의 질을
향상시키는 동시에, 고령자들의 가치를 재확인하고, 또한 저 소득이
각 주가 정한 소득 기준보다 적어야 한다. 또한 이들은 40시간의
사전교육을 이수해야 하며, 매달 정기적인 보수교육과 연 1-2회의
워크샵에 참여해야 한다. 주당 20시간씩 연 1,044시간을 활동하고
최저 임금을 받고 있으며, 매년 정기적인 건강검진 실시와 상해 보
험 가입 등의 혜택을 받고 있다. 이 프로그램의 참여자들은 전문가
의 지도감독 아래에 사회복지시설에서 생활하는 아이들과 공립 및
사립학교의 아이들, 교도소에 수감된 아이들, 우범 청소년과 비행청
소년, 학대받고 방치된 아이들에게 조부모 의 역할을 해주고 있으
며, 그 밖의 다양한 활동을 통해 청소년 비행 예방에도 참여하고
있다.

지금까지 80,000명의 청소년들과 그 가족들이 양조부모 프로그
램의 도움을 받고 있으며, 약 24,000명의 고령자들이 활동하고 있
다. 또한 그들의 활동을 금전적으로 환산하면 26,200만 달러에 이
른다. 이 프로그램에 필요한 예산은 약 50%의 정부 보조금과 지역
사회 주민들의 자발적인 기부금으로 충당되고 있다(Koff & Park,
1999).[11] 지금까지 설명한 고령자고용프로그램을 요약하면 <표
3-10>과 같다.

---

11) 양조부모 프로그램에 필요한 1994년 연방정부 예산 6,610달러 중 정부보조금
    은 3,070만 달러였고, 나머지 소용예산은 각 지역사회에서 조성된 기부금으로
    충당되었다(황진수, 2000).

<표 3-10> 미국 고령자 고용프로그램 운영체제

프로그램	고령자지원 P/G	녹색손길 P/G	고령자 말벗 P/G	양조부모 P/G
법적 근거	노인복지법	노인복지법 직업훈련 협력 법	국내자원봉사 법	국내 자원봉사 법
주관 부서	노동부 고용 훈련 청	주 정부	주 정부	주 정부
운영 주최	전국 노인협회		전국 노인 봉사단	
운영 방식	비영리단체	비영리단체	비영리단체	비영리단체
범주 및 대상	-전국27개주 고령자 -55세 이상 비 취업 저소득층 노인	-55세 이상 고령자 -불우한 노동자	-건강한 저소득층 고령자 -주(州)가 정하는 소득이하의 고령자	-55세 이상의 저소득층 고령자
특징	*미국 최대비영리조직 고령자 직업 알선 가장 오래된 고령자고용 프로그램 중 하나 -시간제취업: 주20시간 활동, 최저임금 수혜	-가장 오래되고 큰 준 고령 노동자교육/훈련 고용 제공기관 -처음에는 국립공원, 고속도로 개선 등 녹지관리사업으로 시작 -현재는 고령자/장애자/저소득근로자취업목적	-주(州)가 정하는 40시간 사전교육 이수 -주당20시간(연간 1,044시간) 활동 -동년배고령자에의한 도움 제공으로 시설운영비 및 서비스 절약	-약 3만 명의 회원(노인)들이 약 8만 명의 청소년에게 다정한 조부모 역할
재정 지원	-노동부 보조금	-노동부 보조금	-정부: 60% -기부금: 40%	-정부보조: 50% -지역기부금: 50%
세부 프로그램	-음식배달 -방과 후 교실 -도서관 보조원 -컴퓨터 오퍼레이터 -간병인 -경리 / 운전사	① 직업기술 -가정 건강보조자 -간호조무사 -컴퓨터 오퍼레이터 ② 교실 내 훈련 -참여자가 필요한 기술개발에 중점 ③ 현장훈련 -특수직종 훈련 -직업체험 P/G *최신기술훈련중점	-동년배 고령자 방문 -필요한 도움 제공 -우정을 나눔	-장애시설, 회복기의 병원 및 교도소 수감 청소년, 우범청소년, 비행청소년, 장애아동, 학대/방치된 아이들의 조부모 역할로 말벗 -생활지도 -레크레이션 활동 -정서함양

2. 일본의 고령자 고용정책 및 프로그램

1) 고령자 고용관련 법

일본의 노인관련 법은 간접적으로는 헌법의 생존권 조항과 교육기본법의 교육기회의 평등에 관련되어 있으며, 직접적으로는 고령화의 진전 현상에 대처하기 위한 시책의 기본이념을 정립하고 있다. 이에 따라 일본은 고령사회대책기본법(1995년)을 제정하여 고령자 문제에 종합적으로 대처하는 방향을 제시하고, 노인복지법(1963년)과 고령자고용안정법(1986년), 그리고 고령자고용촉진법(1994) 등에서 노인복지와 고령자 취업에 관한 사항을 규정하고 있다.

특히 고령자고용관련 법규들을 하나로 합쳐 1986년 고령자고용안정법을 제정하여 이를 일본 고령자고용정책의 기본 틀 및 법적근거로 삼고 있다. 고령자고용안정법은 정년의 연장이나 취업 등 노인의 노동에 관한 전반적인 규정과 함께 노인의 고용촉진 및 취업기회 확보를 통해 경제 및 사회발전에 기여하는 것을 목적으로 하고 있다. 1994년 개정된 고령자고용안정법은 ① 60세 정년제 확립, ② 65세 까지의 계속 고용제도의 도입 촉진, ③ 고령자에 관한 노동자 파견사업 특례 창설, ④ 고령자직업경험활용 세미나의 지정, ⑤ 고령자 직업생활 설계지원 등과 같은 내용을 중심으로 추진하고 있다(허재준·전병유, 1998).

고령자고용안정법 제46조(실버인재센터지정)에는 도도부현(都道府縣)의 지사는 정년퇴직자와 그 밖의 고령퇴직자의 희망에 따라 임시적이고, 단기적인 취업의 기회를 확보하고 이를 조직적으로 제공함으로써 취업을 돕고 그들의 능력을 적극적으로 활용할 수 있도록 한다. 또 제47조(실버인재센터의 업무)에서는 ① 임시적이고 단기적인 취업을 희망하는 고령퇴직자를 위하여 취업기회를 확보하고 조직적으로 제공하여야 한다. ② 임시적이고 단기적인 고용에 의한 취업을 희망하는 고령퇴직자를 위하여 무료직업소개 사업을 실시해야 한다. ③ 고연령 퇴직자에 대하여 임시적이고 단기적인 취업에 필요한 지식이나 기술의 부여를 목적으로 한 강습을 실시하여야 한다. 고 명시하여 고령자의 취업알선업무와 필요한 교육 책임이 실버인재센터의 업무로 명시하고 있다.

이처럼 일본의 고령자고용정책은 국가노동행정의 중심적 과제로 자리 잡고 있다. 이는 다른 선진국들의 고령자고용정책이 노동시장 정책의 보조적인 차원인 것과는 다른 양상이다. 일본의 노인관련 법·규정은 간접적으로는 헌법의 생존권 조항과 교육기본법의 교육 기회의 평등에 관한 조항이며, 직접적으로는 고령화의 진전 현상에 대처하기 위한 시책의 기본이념을 정립하고 있다.

2) 고령자의 고용정책

일본의 고령자에 대한 고용정책은 크게 3개 부문으로 나누어 살펴볼 수 있다. 첫째는 고 연령에 도달하였어도 가능한 한 장기간 고용상태를 유지시키기 위한 정책이고, 둘째는 정년 퇴직자를 대상으로 한 기업체가 고용이외의 창업을 지원해 주는 정책이라 할 수 있다. 셋째는 임시적이고 단기간의 일을 제공하는 수준의 일자리 마련 지원정책이라 할 수 있다. 고령자취업훈련은 첫 번째 유형과 맞물려서 이루어지고 있으며, 두 번째 유형에서도 창업 준비에 따른 교육훈련이 실시되고 있다. 세 번째 유형의 경우는 일자리 자체가 임시적이고, 단기간에 수행할 수 있는 정도이기 때문에 별도의 훈련프로그램이 개발되어있지 않은 상태라 할 수 있다(한국직업능력개발원, 2003).

(1) 고령자 고용기회 확보정책

일본에서 근로자가 희망하는 경우에 65세까지 일할 수 있도록 하는 제도[12]를 지닌 기업의 비율은 2001년 1월 현재 전체기업의 28.0% 수준에 머무르고 있는 것으로 나타나고 있다(후생노동성, 2002). 다시 말하면, 이중에서 일률정년제를 정하고 있는 기업이 전체의 19.4%이고, 정년제를 시행하고 있지는 않지만, 65세까지 고용을 유지시키는 기업이 8.6%를 차지하고 있다.

일본정부는 고령자등 직업안정대책기본방침(2000년), 에 따라 65세까지 고용확보를 추진하기 위하여 정년의 상향조정, 계속고용제도의 도입 등을 도모하고 있는 실정이다. 아울러 정년인상, 계속고용제도의 도입 등을 시행하고 있는 기업주에 대해서는 계속고용정착촉진조성금을 지급함과 동시에 고령자를 목표로 한 직장환경의 개선 등을 도모하고, 고령의 피용자 수를 증가시킨 기업주에 대해서는 고령자 고용환경정비장려금을 지급하고 있다.

그리고 2001년 4월부터 공공부문의 고령자고용을 추진시키기 위하여 국가공무원 및 지방공무원의 정년 퇴직자를 대상으로 65세까지 재직할 수 있도록 하거나, 단시간 근무의 제도를 설정하는 내용의 재 임용제도를 도입하였다. 또한 노동자의 연령에 따른 심신기능의 변화를 고려한 직장환경 등을 개선시키기 위하여 고령 노동자의 노동재해방지를 위한 가이드라인을 보급하고, 고령자 고용환경정비장려금 제도를 실시하고 있다.

(2) 고령자 직업훈련정책

고령자를 비롯한 비자발적인 이직자의 고용기회를 창출하기 위하여 신규 고용기회의 창출을 기대할 수 있는 신규 및 성장분야의 사업을 하는 사업주가 비자발적인 이유로 이직을 할 수 밖에 없었던

---

12) 즉, 65세 이상 정년제, 근무연장제도, 재고용제도 등을 말한다.

고령자를 대상으로 직업훈련을 하는 경우에는 장려금을 지급하고 있다. 그런데 고령자의 직업훈련은 정형화된 제도에 의해서 실시된다기보다는 기업이 자율적으로 훈련내용을 작성하여 실시하고 있는데, 최근 실태조사를 기준하여, 훈련내용을 정리하면 다음 <표 3-11>과 같다(일본 고용능력개발기구, 2001).

첫째, 취업의식전환 영역에 대한 직업훈련은 이직 이전의 직위가 일정수준 이상이고, 관리직 등 의 업무를 담당하고 있었던 고령자는 관리직으로 배양된 경험에 의해 축적된 판단력, 지도력 및 통찰력 등이 강하고, 이러한 직업 능력을 새로운 직장에서 효과적으로 발휘하도록 유도하는데 중점을 두고 있다. 취업의식 전환훈련내용에 대해서 정리하면 다음과 같다.

<표 3-11> 직위 및 전문성을 기준으로 한 고령자직업훈련 유형

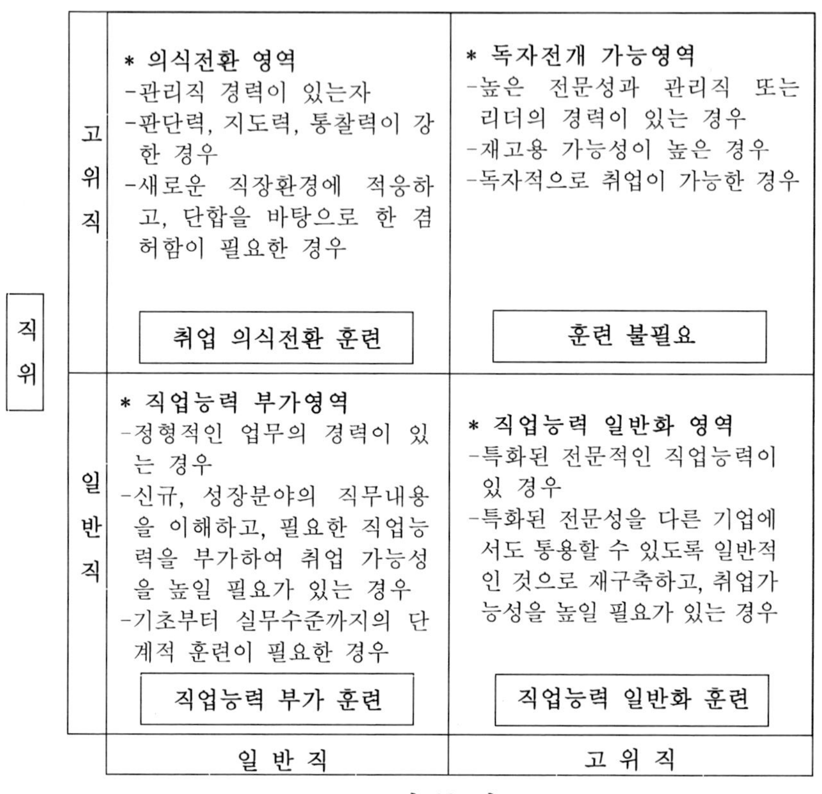

자료: 한국능력개발원, 고령화 사회의 인적자원정책(Ⅱ), 2003. p.47.

① 대상자는 직무경험은 풍부하지만 이직 이전의 직위나 장기간에 걸쳐 습득된 기업풍토로부터 탈피하지 못하고, 자기가 놓여있던 사회적 현상인식이 요구되어지는 고령자. ② 목표는 고령자를 둘러싸고 있는 노동시장, 취업환경이나 중소기업이 요구하는 인재 등에 대해 이해를 높이고, 고령자 스스로가 취업의식을 전환할 수 있도록 하고 있다. ③ 유의사항으로는 직업훈련의욕을 환기시키고, 수강

에 의한 조기재취직을 촉진시킬 목적으로 실시하고 있는 능력재개발 적응강습과 동등한 위치에서 고령자에 대한 사전강습이라는 형식으로 실시하고 있다.

둘째, 직업능력부가영역에 대한 직업훈련은 이직 이전의 직위가 일반적이다. 취업에 관한 전문성도 그다지 높지 않은 고령자는 사물조형이나 정형 적인 업무경험을 살리면서 신규 및 성장분야의 고용흡수력이 높은 업종, 직무내용을 이해하고 그러한 분야에서 요구되는 직업능력을 부가함으로써 취업의 가능성을 재고시킬 필요가 있다. 직업능력부의 훈련내용을 정리하면 다음과 같다.

① 대상자는 신규직업능력으로 취업을 희망하는 고령자 이며, ② 목표는 취업 가능성이 보이는 분야, 직무내용 등에서 요구되어지는 직업 능력을 습득하도록 하고 있다. ③ 유의사항은 기업의 고령자 고용욕구와 고령자 개개의 직무경험, 직무능력 등을 감안하면서 필요한 것을 선택하여 책정한다. 그리고 한번 작성된 커리큘럼은 정기적으로 기업의 고용흡수력 등을 조사하면서 그 결과로부터 기업이 요구하는 직업 능력에 결합시킨 훈련 커리큘럼으로 변화시켜야 한다.

셋째 직업능력 일반화 영역에 대한 직업훈련은 이직 이전의 직위는 일반적이지만 직무에 관한 전문성이 강하고, 고령자는 과거 직무경험으로 축적, 특화된 전문적인 직업능력이 강하고, 이것을 신규 직장에서 효과적으로 활용할 수 있도록 한다. 직업능력 일반화 훈련내용을 정리하면 ① 대상자는 기존 직업능력을 활용하여 취업을 희망하는 고령자 ② 목표는 취업가능성이 보이는 분야, 직무내용 등에서 요구되어지는 직업능력에 따라 정형화, 적응화 시키도록 한다. ③ 유의사항으로는 실천적인 직장적응력 강화가 목적이기 때문에 실시기관에 대해서는 민간 위탁훈련 등을 활용하여 탄력적으로 실시할 필요가 있다.

3) 고령자 고용 프로그램

다음에서는 고령자고용안정법을 근거로 추진되고 있는 각종 프로그램을 보다 구체적으로 살펴보고자 한다.

(1) 고령자고용안정센터

일본은 고연령고용안정법에 의하여 60세 미만의 정년을 정하는 것을 금하고 있으며, 65세 정년이나 희망자 전원을 대상으로 계속고용제도에 의해 65세까지 고용하는 회사는 2001년 현재 전체의 약 25%이다. 고령자고용안정법에 기초하여 중앙고령자고용안정센터 및 지방고령자고용안정센터로 지정하고 개별기업에 있어 계속고용 추진의 전제가 되는 다양한 조건 정비를 촉진하는 역할을 하고 있다.

중앙고령자고용안정센터는 고령자고용안정에 관한 조사연구실시, 사업주와 그 외 관계자에 대한 고령자 계속고용 조치와 고령자 고용에 관한 교육실시, 고령자의 고용에 관한 정보 및 자료 수집과 관계기관 배포, 지방고령자고용안정센터의 업무에 대한 연락조정 도모와 지도 및 지원 실시, 고령자를 고용하는 사업주에 대한 교부금 지급, 그 외 고령자고용안정과 복지증진 및 지방고령자고용안정센터의 건전한 발전을 위한 사업 실시를 주요 내용으로 하고 있다. 그리고 지방고령자고용안정센터는 이러한 중앙의 지침에 따라 해당지역 내에서 유사한 업무를 수행하고 있다.

(2) 노인취업알선기관

일본 정부는 노인들의 취업을 돕기 위한 정책의 일환으로 실버인재센터와 인재은행 등 두 종류의 직업알선기구를 운영하고 있다. 이러한 기구는 「고령자고용촉진법」에 근거를 두고 설치·운영되는 공공법인체로서 일종의 노인무료직업소개소와 같은 성격의 것이다.

전국적으로 700여개 소에 설치·운영되고 있는 실버인재센터에서는 구인을 원하는 기업체와 구직을 희망하는 노인을 서로 연결시켜주는 사업을 하고 있는데 그간 이러한 센터를 통해서 취업을 한 직종들을 분석해 보면 그 대부분이 수위, 경비원, 청소원, 방문 판매원 등 단순 노동이 주류를 이루고 있었다.

인재센터는 일명, Silver Center라고도 하는데 60세 이상 노인으로 구성되어 있는 민간단체이다. 전국각지에 설치된 700여개의 실버인재센터에서는 고령자들에게 적합한 직종을 개발하고 구인·구직자를 서로 연결해 주는 사업을 펼치고 있으며, 60세 이상 고령자면 누구나 회원이 될 수 있고, 고령자들의 능력과 경력을 고려하여 해당 공공기관이나 단체, 기업 등에 취업할 수 있도록 연결해 주고 있다.

60세 이상 노인이 등록하게 되면 과거의 경험과 경력, 재능, 전문분야로 해당 공공기관이나 단체, 개인기업이나 경우에 따라서는 개인의 가정에도 취업을 알선하는 시간제 근무(part-time)나 전일제 근무(full-time)로 일하게 된다. 이 조직을 통하여 취업이 되고 있는 직종은 대체로 서기, 회계, 정원사, 방문판매원, 창고관리, 편집, 번역, 목공, 상표 붙이기, 건물보수작업, 어린이 돌보기(baby sitting) 병약 노인 돌보기 등 거주지역의 일상생활과 밀접한 관계가 있는 가정, 민간, 관공서로부터 유상으로 위탁받아 이것을 회원들에게 제공하고, 일의 실적에 따라 급여를 지불한다.

실버인재센터는 노인의 취업욕구와 동시에 활력 있는 지역사회 만들기에 기여하는 것을 목적으로 한다. 2000년 말 현재 실버인재센터에 가입되어 있는 단체 수는 1,579개이며, 회원은 약 64만 명에 이르고 있는데, 고령자 개개인의 경험과 능력을 살릴 수 있는 업종에 배치되는 비율은 낮은 편이다.

인재은행은 원칙적으로 40세 이상의 관리자·기술자 등을 대상으로 구직상담과 취업알선 등을 무료로 해주는 국가기관이다. 일본 노동성은 기업이 인재은행을 통해서 고령자를 채용할 경우 해당기업에는 연간 30~40만원의 보조금을 지급하고 있으므로 대부분의 기업들은 고령자를 채용할 경우 인재은행을 이용하고, 노동성으로부터 일정한 지원금을 받고 있다.

전국 주요도시에 설치되어 있는 인재은행은 인력을 알선해 주는 일종의 공공직업안정기관으로, 대체로 전문인력 활용을 알선하는 기관이다. 인재은행은 1967년 동경 나고야, 오사카 등 대도시에 개설된 이래 날로 확장되어 현재는 전국 100개 주요도시에서 고령자 전문 인력에 대한 소개 업무를 담당하고 있다.

(3) 동경도 시니어 워크(Senior Work)

동경도(東京道)에서는 1974년12월에 중앙에 「고령자 사업단」을 설립하고 각 구에는 「지역단위 고령자사업단」을 두어 고령자들의 노동참여를 조직적이고도 적극적으로 추진하기에 이르렀다. 고령자의 취업희망과 중소기업의 노동력확보에 대처하기 위하여 공공직업안정기관과 연계하여, 업종별 사업주 단체 등의 참가아래 고용을 전제로 한 기술 강습, 공동면접 등을 실시한다.

동경도 시니어 워크는 도시지역에 거주하고 있는 고령자들의 노동시장 참여를 지원한 프로그램으로, 그 주요 내용은 지방정부의 보조금 및 사업 조정, 사업단에 대한 원조와 운영지도, 사업단상호간의 사업조정, 고령자적합 직종개발 및 조사연구, 고령자능력개발 및 훈련, 고령자직업보도 및 계몽, 기타 고령자 복지사업 등이다.

동경도 시니어워크는 지상 25층 지하 3층의 건물로 지상 1-12층에는 고령자 기술전문학교, 직업능력개발협회, 고령자사업진흥재단, 노동자료센터, 공공직업안정소, 고령자취업센터 등 고령자취업 관련 기관들이 입주해 있고, 13-25층은 아파트다.

고령자기술전문학교는 50세 이상의 구직자를 대상으로 하고, 빌딩관리과, 주택서비스과, 호텔·레스토랑서비스과, 경영관리실무과, 비즈니스 리프레쉬과가 운영되고 있다. 고령자취업센터는 고령자사업진흥재단에서 위탁경영되고 있는데, 이 재단은 동경도와 도내 58개 지방자치단체가 1975년 5억 엔을 출연해 설립하였으며, 취업상담과 취업알선 외에 적성평가, 체력상담, 건강체조지도 등을 받을 수 있다.

1995년도 고령자 사업단의 사업실적을 보면, 총 43개 지역단위 사업단의 회원 수는 8만 2천명이며, 이 중 남자가 5만 6천 5백 명으로 68.9%를 차지하고 있었다. 평균 연령은 68.8세이며, 여자 67.2세였다. 1975년의 회원 수 870명에 비하면 엄청난 증가였다. 이들의 1년간 수탁건수는 57,475건이었으며, 계약금액 31억 1백만 엔에 연 취로인원은 93만 명이며, 월평균 취로율은 23.2%였다. 1995년도의 1인당 배분금은 5만 8천 엔이었다(한국능력개발원, 2003).

(4) 고령자협동조합

일본의 고령자협동조합은 '침상 노인이 되지 말자' 혹은 '침상노인을 만들지 말자'는 표어 하에 건강한 노인으로서 즐거운 삶을 영위하자는 목표를 가지고 있다. 침상노인을 만들지 않겠다는 것은 일에서 존재의미를 찾아왔던 많은 퇴직노인들에게 사회적으로 일자리를 마련해 줌으로써 건강과 활력을 유지할 수 있게 하는 노인복지의 적극적인 표현이라고 할 수 있다. (지성희, 2002).

장수사회를 살아가야 할 일본에서 고령자를 '무능하고 쇠약한 사회의 짐 덩어리'처럼 바라보는 가운데 '퇴직 후 20년을 어떻게 살아가야할 것인가'하는 자각에서 고령자에 대한 선입견을 없애고 함께 어울리기 위한 친목단체로 출발하였다. 1993년 고령자협동조합 동경센터 사업단이 발족되면서 전국적으로 확대되었다. 이러한 고령자협동조합은 일본 47개 도(都)·도(道)·부(府)·현(縣) 중 33개지역에 설립되어 있으며, 그 산하에 약 200곳의 지역복지사업소가 설치되어 있다. 한 계좌에 5천 엔 이상 출자하면 누구나 조합원이 될 수 있으며, 현재 조합원수는 20대부터 90대까지 전 세대를 초월하여 3만 명 정도다. 2003년 현재 연간 사업실적이 200억 엔을 넘어서고 있다(매일신문 홈페이지: http://www.imaeil.com).

고령자협동조합은 다음과 같은 8가지 목표를 내걸고 활동하고 있다. ① 지역 내에 고령자들의 모임장소를 만들어 외톨이 고령자를 없앤다. ② 노년기를 활기 있게 살아가기 위한 지혜나 마음가짐을 배우고 정보를 교환한다. ③ 지역에서 좋아할 만한 일하는 보람이 있는 사업을 다같이 일구어 낸다. ④ 먹거리나 생활용품 등에서 가짜가 아닌 진짜를 찾아내어 나누어 갖는다. ⑤ 놀이나 문화를 중요시하며 즐겁고 충실한 시간을 만든다.

⑥ 건강을 유지하고 또한 설령 장애를 갖고 있다고 하더라도 인간답게 살아갈 수 있도록 가슴이 통하는 의료나 간병을 해줄 사람들과 연결시켜 준다. ⑦ 고령자의 생활전체를 뒷받침하는 가장 신뢰할 수 있는 파트너로서 노동자협동조합을 육성하여 연대 제휴한다. ⑧ 고령자나 장애자가 안심하고 살 수 있는 지역만들기를 추진하여 필요한 사항을 지자체나 정부에 제안하여 실제로 복지를 증진시켜 나간다.

이상과 같은 목표아래 구체적인 추진활동으로는 첫째, 복지사업으로 도우미(헬퍼) 양성 및 파견사업, 노인급식, 데이케어 서비스, 그룹 홈케어 하우스, 택(宅)노소 운영, 복지종합시설 건설, 지역복지사업소 운영, 환자 송영, 건강프로그램운영, 상담실운영 등을 들 수 있다. 둘째, 보람 있는 삶을 위하여 워드프로세스, PC, 어학, 요리, 건강 등의 강좌 및 자원봉사활동 참여와 합창, 가라오케, 바둑, 장기, 댄스, 등산, 역사탐방, 낚시, 도자기 등의 문화 및 레저활동을 펼치고 있다. 셋째, 고령자 협동조합의 조직을 확장 관리하기 위하여 지역센터, 지부 및 반(班)조직 설립과 집회장소 만들기 및 뉴스레터 발간 등을 실시하고 있다.

한편 고령자 협동조합은 지역복지사업소를 중심으로 건강한 고령자들이 지역사회에 활약할 수 있는 거점을 만들고, 세대를 초월한 교류의 장 만들기와 지역사회 안의 종합적인 일자리 창출활동에 집중하고 있다. 고령자협동조합은 고령자들의 자활사업이 참여주체들의 노력에 따라 지방정부의 정책적인 자원을 확보하여 출범하였고, 민간단체의 지원을 통해 발전되어 왔다. 즉 그 초기 과정에서는 지방정부로부터 일감을 수주 받아 사업을 시작하였고, 지역사회의 지지와 지원을 통해 조직을 활성화시키고, 이를 기반으로 사업단에서 협동조합으로 발전하여 왔다.

지금까지 살펴본 일본 고령자고용관련 프로그램을 요약하면 <표 3-12>와 같다.

<표 3-12> 일본 고령자 고용프로그램 운영체제

프로그램	고령자고용 안정센터	노인취업 알선기관	동경도 시니어워크	고령자협동조합
법적근거	고령자고용안정법	고령자고용촉진법	동경도 고령자사업법	고령자협동조합법
주관부서	노동성	노동성	동경도	노동성
운영주최	고령자고용안정 센터	노인취업알선기관	고령자사업단	고령자 협동조합
운영방식	비영리단체	비영리단체	비영리단체	비영리단체
범주 및 대 상	-61세 이상 고령자	-인재은행=40세 이상 관리자/기술자를 대상 -인재센터=60세 이상	-50세 이상 구직자 -회원수=8만2천명 -연취로인원=93 만명	-회원자격 = 20~90대(세대초월) -회원 수=3만 명 -47개 도도부현 중 33개 지역에 설립
특 징	-고령자고용안정 에 관한 조사· 연구 -사업주에게 고령자 고용 권장 조치 -고령자고용관련 취업/정보제공 -고용안정/복지증진	*인재은행 -구직상담/취업알선 -전국100개주요도 시에 고령자전문 인력 소개 -공공직업 안정소 내에 고령자 취 업반 설치 -무료직업소개/직 업훈련 *인재센터 -경험과 지식을 지 역사회와 협력 일 할기회확보 -시간제, 전일제 근무	-1974년 12월 발족 -고령자기술전문 학교운영 (50세 이상입교) 직업능력개발협회, 고령자사업진흥재 단, 노동자료센터, 공공직업안정소, 고령자취업센터 등을 운영	*표어= 침상노인 이 되지 말자! -퇴직노인들에게 일자리 마련해 줌 으로써 건강/활력 유지 -8가지 목표설정 -지역복지사업소 중심으로 추진
재정지원	-고령자고용사업주 에게 교부금 지급	-고령자채용기업에 노동성이 지원금	-지방자치단체의 출연금	-조합원의 출자금 (한계좌에 5천엔)
세 부 프로그램	-고령자고용안정에 관한 조사연구 -고령자계속고용 조치 -고령자 고용관련 교육 -고령자고용정보제공 -자료수집/배포 -사업주에 교부금지급 -고령자 복지증진	-서가 -회계 -정원사 -방문판매원 -창고관리 -편집/번역 -목공/상표붙이기 -건물보수작업 -어린이 돌보기 -병약 노인 돌보기	-빌딩관리 -주택관리 -호텔레스토랑서 비스 -경영관리실무 -비즈니스 리프레쉬	-도우미(헬퍼) 양성 -노인급식 -데이케어서비스 -택노소 운영 -환자운송 -건강프로그램운영 -자원봉사활동 -뉴스레터 발간

3. 우리나라 고령자 고용에 대한 시사점

1) 정책적 측면

미국의 고령자고용 관련법은 대표적으로 노인법, 연령차별금지법, 직업훈련 협력 법, 국내 자원봉사법 등으로 구분할 수 있다. 이 법들은 취업할 때 연령에 따른 차별을 금지하는 내용이 주를 이루고 있으며, 기업이 고용자들에게 내부 노동시장에서 인사상 차별을 금지시키고 있다는 점을 특징으로 요약할 수 있다. 특히 미국의 고령자 관련법들은 연령차별이나, 인사상차별, 대상계층과 같은 핵심요소만을 규제하고 구체적인 프로그램은 운영하는 단체들에 의해서 개발·시행되고 있다. 일찍부터 연금제도가 발달한 미국은 소득을 목적으로 하지 않고 사회봉사를 목적으로 하는 노인 봉사프로그램에서 제공하는 봉사수준의 다양한 일자리 제공도 소득을 목적으로 하지 않는 우리나라 고령자일자리 문제해결에 의미를 부여하고 있다고 하겠다.

둘째 고령자 고용인력을 총괄할 수 있는 전담기구의 필요성이다. 미국은 고령자의 욕구해결을 위한 제도적 기반을 마련하기 위해 1965년에 제정된 노인복지법에서 전국적으로 방대한 고령인력을 관장하기 위해 보건교육복지부 산하에 "노인청"이라는 총괄기구를 설치하여, 이를 토대로 전국 57개 주 단위 노인사무소와 670개의 지역단위 노인복지사무소가 설치되어, 전국의 노인복지기관들이 긴밀한 유대를 맺으면서 고령자 관련 서비스를 제공하고 있는 점은 우리에게 시사한바가 크다.

한편 일본의 고령자 고용관련법들은 고령자의 취업알선과 이를 위한 교육 등으로 일할 수 있고, 일하기를 원하는 고령자를 위해 다양한 길을 제시하는 등 관련 법규와 정책들이 구체화 되어있다는 특징이 있다. 그리고 각종 법규들이 "할 수 있다" 등의 선언적 의미에 그친 것이 아니라 "해야 한다"는 강제조항으로 되어 있다. 강제 규정은 실질적으로 일본 고령자들의 취업률 증가에도 크게 영향을 미치고 있다.

또 다른 선진국의 경우는 70세 이상의 고령후기노인들은 취업을 하지 않고 있는데, 일본의 경우는 70세에서 74세 연령층 38.3%, 75세에서 79세까지의 노인 20.6%, 그리고 80세 이상 연령층에서도 13.7%가 취업을 하고 있다. 일본 노인들의 경제활동 참가율이 높은 원인은 자녀들의 노부모 부양의식의 감퇴현상의 심화로 인해서 생계비를 스스로 받아들여야 할 입장이라는 점과 일본은 아직 공적연금제도가 미성숙단계에 놓여 있기 때문에 서구사회에 비해서 연금을 수급 받고 있는 노인의 수가 적다는 점, 그리고 연금을 수급 받고 있는 노인의 경우라고 하더라도 그 연금의 수급액이 서구사회 여러 나라의 그것이 비해서 낮은 수준이기 때문에 정년퇴직 이후에도 생계비의 부족현상을 체우기 위해서 재취업을 하지 않을 수 없다는 점을 들 수 있다(박재간, 2001).

특히 이처럼 빠른 고령화에 대응하기 위해 일본 정부는 고령자 고용정책을 종합적인 사회정책에 포함하여 추진하고 있다는 점이다. 일본은 고령자교육은 문부성은 물론이고 노동성이나 후생성, 사회보험청, 농림수산성 등이 각각의 설치 목적에 관련시켜 다양한 형태의 시책사업으로 전개하고 있다.

2) 고용프로그램 측면

미국의 고령자 고용 프로그램은 그 종류가 다양하고 주관기관도 연방정부와 주정부, 그리고 각종 민간단체 등의 여러 곳에 걸쳐 있어 전체적인 모습을 파악하기가 어렵다. 본 연구에서는 보건사회복지부 산하 노인청과 노동부에서 실시하고 있는 고령자 고용프로그램을 중점적으로 살펴보면, 첫째 미국은 고령자들에게 제공되는 각종 서비스 프로그램들이 60세 이상 노인이면 소득에 관계없이 누구나 노인복지법에 의해 제공되는 서비스 혜택을 받을 수 있는 보편 주의적 성격을 지닌다.

둘째, 서비스 전달체계에서 각각의 하부구조들이 융통성을 갖고 있다는 점이다. 각 전달체계의 기관들은 노인복지법에 규정한 우선적인 것들만 따르고 나머지는 자체의 규정에 의해 서비스들이 운영된다. 또한 비슷한 프로그램들 간에는 지원금의 이동도 허락하는 매우 융통성이 강한 전달체계를 갖추고 있다. 이러한 것은 결국에 그 지역에 맞는 서비스를 개발하여 운영하는데 도움이 되고 있다.

셋째, 노인복지 서비스의 문제는 경제적인 빈곤층의 대부분을 소수민족 노인들이 차지하고 있다. 그러나 노인복지법의 제3조에서 언어의 장애로 인해 서비스를 받지 못하는 일이 없도록 배려하고 있어, 관련문서들이 번역되거나 혹은 구두로도 알려져 노인들이 명확하게 알 수 있도록 지원금이 배정되어 있음을 볼 수 있다.

넷째, 병약한 노인들을 위한 교통편의 서비스에 대한 법정장치가 마련되어 있는가 하면, 이밖에도 연구에 대한 지원금이 제도적으로 지원되고 있다는 점이다. 노인복지에 대한 연구를 지원함으로써 연구를 진작시키고 그에 따른 결과를 일반인도 알 수 있도록 공개해야 한다는 점이다.

한편 일본은 최근 구조조정 및 계속되는 불경기 때문에 실업이 대량으로 발생하고 있으며, 취업의지가 강한 화이트칼라 고령자 이직자의 노동시장 재 진입을 위해 직업능력개발 프로그램 전개사업은 많은 시사점을 주고 있다. 특히 본 연구의 초점 중 하나인 우리나라 고령화 사회의 진전과 더불어 일본과 유사하게 대량발생하고 있는 사무관련 직 고령자의 직업능력개발에 관한 일관된 지원을 통하여 조기에 취직을 촉진시키는 프로그램개발을 위해서 2001년 일본고용능력개발기구가 연구한 「직위 및 전문성을 기준으로 한 고령자 직업훈련 유형」은 매우 유용한 고령자 직업훈련을 위한 유형별 분류방안으로 평가할 수 있다.

일본의 고령자고용은 안정되고 강력한 법적, 제도적 장치와 함께 세부적인 프로그램들이 발전되어 일 할 수 있는 건강과 의욕이 있는 노인들은 70세 이후까지도 일할 수 있다. 시사점으로 참고할 내용을 정리하면 다음과 같다. ① 일본은 고령자고용안정법에 기초하여 강력한 행정조치로 60세 정년제도가 정착(94.4%)되고 있으며, 65세까지의 취업기회 보장을 목표하고 있다. ② 이와 함께 중앙고령자고용안정센터와 지방고령자고용안정센터를 운영하여 고령자 고용을 위한 정보와 자료수집 그리고 지도와 지원 등 다양한 조건을 충족시켜 나가고 있다. ③ 계속고용제도 도입장려금을 비롯한 고령자 다수고용장려금, 고령자직장개선장려금, 고령자 계속고용급부제도 등 다양한 고령자 고용장려금 제도를 확충해 가고 있다. ④ 이 밖에도 공공직업안정소 설치와 노동자파견법 특례 실시 그리고 실버인재센터의 설치, 운영, 퇴직준비 프로그램 등 다양한 형태의 고령자 고용과 재취업을 촉진하고 있으며, ⑤ 고령자 고용과 취업에 대한 지원으로 고령자고용과 취업지원 알선센터, 취업준비 장려금 지원, 그리고 기타 각종 고령자 고용에 관한 지원제도를 실시하고 있다.

지금까지 살펴 본바와 같이 앞으로 우리나라도 고령인구의 증가 추세를 감안하여 미국의 노인청과 같은 기능을 수행할 수 있는 기구를 설립하는 등 획기적이고 과감한 정부의 조직개혁이 필요하다. 고령자인력활성화를 위하여 대통령 직속기구로 "고령자인력활성화위원회"의 신설을 검토해 볼 필요가 있다. 각 지방 자치단체도 고령자 복지와 취업을 전담하는 기구를 신설하고 고령자 복지 전문가와

고용전문가로 구성된 "광역시·도 고령자인력활성화위원회"를 지방
정부에 설치하는 방안을 검토해야 할 시점에 이른 것이다. 일본의
경우에서처럼 고령자 재취업에 관한 법적·제도적 장치를 강력하고
구체적으로 명시하고, 범 정부차원에서 재취업을 위한 교육을 시행
하고 있으며, 모든 기업에 65세까지 정년연장을 적극 추진하면서
이를 위한 활발한 각종 지원금 제도 등을 도입할 필요가 있다.

114

<표 3-13> 미국과 일본의 고령자 취업 관련 시사점 비교 및 평가

구 분	미 국	일 본
취업정책	① 연령에 따른 고용 차별금지 ② 사회봉사차원의 다양한 일자리 제공 ③ 노인층의 경제활동 참여 확대 ④ 경력고령자 취업기회 확보 ⑤ 고령자 취업을 위한 전담기구 운영과 다양한 민간기구 통제(지원금제도)	① 안정되고 강력한 법적, 제도적 장치(60세 정년제도 정착: 94.4%) ② 생계유지 필요성/ 부양 감소 대응방안 ③ 고령사회에 대응하기 위한 종합정책 ④ 정부차원의 적극적인 고령자교육(문부성, 노동성, 후생성, 사회보험청, 농림수산성)
프로그램	① 60세 이상 노인이면 누구나 혜택 ② 서비스전달체계에서 하부구조의 융통성 ③ 소수민족에 대한 배려 ④ 병약한 노인들의 교통편의 제공 ⑤ 노인복지 연구를 제도적으로 지원	① 중앙/지방고령자고용안정센터의 운영으로 고령자고용을 위한 정보와 자료 제공 ② 고령자고용을 위한 각종지원금 제도 확충 ③ 다양한 고령자 재취업 촉진 ④ 각종 고령자고용에 관한 지원 활성화
평 가	* 노인취업문제를 총괄하는 전담기구(노인청)를 통해 정책의 필요성을 제기하고 있으며, 각 주와 지역의 노인자문위원회를 연계한, 각종 지원금 지급과 지역 자체의 후원금 등으로 전국적인 고령자 취업 프로그램이 활발하게 추진되고 있음. ** 법적·제도적 장치는 느슨하지만 사회적, 문화적으로 자율적인 민간기구의 활동이 활발해 안정적으로 정착되어 있으며, 특히 미국은 기본적으로 연령차별 금지조항이 있어, 개인별로 연금수령 시기까지 근무할 수 있기 때문에 개인별로 선택의 폭이 크다고 할 수 있다.	* 미국에 비해 일본은 고령화 진전은 빠른데, 사회적으로 정년이 60세로 되어 있어, 일할 수 있는 건강과 생계비를 위해 일하기를 원하는 고령자가 많다. 특히 일본은 미국에 비해 연금제도가 정착되어 있지 않아 고령자의 재취업에 관해 정부정책으로 강력하게 추진하고 있다. 일본의 특징은 고령자 재취업에 관한 법적·제도적 장치를 강력하고 구체적으로 명시하고, 범 정부차원(문부성, 노동성, 후생성, 농림수산성, 사회보험청 등)에서 재취업을 위한 교육을 시행하고 있으며, 모든 기업에 65세까지 정년연장을 적극 추진하면서 이를 위한 각종 지원금 제도가 활발하다.

제3절 장애인 고용제도와 비교 분석

1. 장애인 고용 정책

우리나라의 복지와 고용관련법 가운데서 법적·제도적으로나 실천기구 등에서 체계를 갖추었다고 할 수 있는 분야가 장애인 관련 분야이다. 1999년에 제정된 장애인복지법과 2000년에 제정된 장애인고용촉진 및 직업재활법을 기반으로 장애인의 복지와 고용에 대한 제도적 준비가 다른 분야보다 보편적으로 체계화 되어 있다고 할 수 있다. 고령자고용과 관련한 연구에 있어서 장애인 관련정책과 프로그램 등을 비교해 보면 많은 시사점을 찾을 수 있기 때문에 본 연구는 장애인 복지법과 장애인고용촉진 및 직업재활법을 심층 깊게 비교분석해 보고 시사점을 찾으려고 한다.

1) 장애인 복지법

장애인복지법은 장애인의 인간다운 삶과 권리보장을 위해 장애인의 생활안정에 기여하는 등 장애인의 복지증진 및 사회참여활동을 기여할 목적(1조)으로 하고 있다. 이를 위한 장애인 복지법의 주요 내용을 살펴보면 다음과 같다.

첫째, 국무총리 소속하에 장애인복지조정위원회를 설치(11조)하여, ① 장애인복지정책의 기본방향에 관한 사항, ② 장애인 복지증진을 위한 제도개선과 예산지원에 관한 사항, ③ 중요한 특수교육정책의 조정에 관한 사항, ④ 중요한 장애인 고용촉진정책의 조정에 관한 사항, ⑤ 장애인 복지에 관한 관련부처의 협조사항, ⑥ 기타 장애인 복지와 관련하여 대통령이 정한 사항을 심의 조정할 수 있도록 하고 있다.

둘째, 재단법인으로 장애인복지진흥회를 설립토록 하고 있다(26조). 장애인의 체육진흥 및 문화예술사업과 복지진흥사업 그리고 장애인복지 연구사업을 하고 있다. 장애인복지법 26조에 근거한 한국장애인복지진흥회는 장애인복지연구, 복지진흥, 체육진흥 등을 도모하여, 장애인의 사회적 활동을 원활히 하고, 장애인에 대한 국민의 이해를 증진시켜, 더불어 사는 사회 환경조성에 앞장서며, 나아가 국제교류를 통하여 장애인의 복지증진에 기여함을 목적으로 설립되었다. 한국장애인 복지진흥회의 사업내용으로는 ① 체육진흥사업으로 전국장애인체육대회, 장애인올림픽을 개최하거나 참가하고, 장애인 생활체육 확산을 위해 대회지원, 프로그램보급, 지도자교육 등, 장애인기능회복 및 사회 적응력 향상을 도모한다. ② 문화예술사업으로 장애인 문화예술 활동 전개 하고, ③ 복지진흥사업으로 장애인생활환경 개선을 위해 장애인복지단체협의회(15개단체)가 참여하고 있다. ④ 복지연구사업을 추진하고 있다.

셋째, 장애인의 일상생활 전반에 관한 시책으로 ① 사회적응훈련에 대해 국가와 지방자치단체는 장애인이 재활치료 후 일상생활 또는 사회생활을 원활히 할 수 있도록 사회적응훈련을 실시해야 한다(16조). ② 국가와 지방자치단체는 장애인이 원활하게 정보에 접근하고, 의사를 표시할 수 있도록 하기위해 전기통신, 방송시설 등을 개선하도록 노력(20조), ③ 장애인이 공공시설, 교통수단 등을 안전하고 편리하게 이용할 수 있도록 편의시설 설치·운영에 필요한 시책 강구(21조), ④ 선거권 등 행사의 편의 제공(23조), ⑤ 주택보급(24조), ⑥ 문화환경 정비(25조), ⑦ 국가와 지방자치단체, 정부투자기관, 지방공사, 지방공단은 세제상의 조치, 공공시설 이용료감면, 운임감면 시책강구(27조), ⑧ 복지연구진작 및 소요비용 지원(46조)하도록 하고 있다.

넷째, 사회경제적 재활을 위해 ① 자금대여로 생업자금 및 장애인사용 자동차구입비와 취업에 필요한 지도 및 기술훈련비, 그리고 기능회복훈련에 필요한 재활보조기구 구입비와 사무보조기기구입비 등과 기타 보건복지부장관이 장애인 재활에 필요하다고 인정하는 비용을 지원한다. ② 생업의 지원으로 국가 및 지방자치단체 그리고 공공단체는 공공시설 내에 식료품·사무용품·신문 등 일상생활용품의 판매를 위한 매점이나 자동판매기의 설치를 허가 또는 위탁할 때는 장애인의 신청이 있는 경우 우선적으로 반영하도록 노력해야 한다(38조). 또한 한국담배인삼공사 사장은 장애인이 담배사업법에 의하여 담배소매인 지정신청을 한 경우 우선지정 노력과 우편판매업 우선계약(38조), ③ 생산품의 생산의뢰 및 우선 구매 수의계약(40조), ④ 시설의 우선사용(42조), ⑤ 경제적 부담경감을 위해 이용료 감면(27조), ⑥ 장애인사용 자동차 세제감면, 표지 설치(35조), ⑦ 장애수당지급(44조)을 보장하고 있다. 장애인복지법과 노인복지법을 비교하면 <표 3-14>와 같다.

장애복지법과 노인복지법을 비교하면 장애인복지법은 장애인의 인간다운 삶과 권리보장을 위해 장애인의 생활안정에 기여하는 등 장애인복지증진 및 사회참여활동에 기여함을 목적으로 한다. 이를 위해 재단법인으로 장애인복지진흥회를 설치, 다양한 사업을 추진하며, 국무총리산하에 장애인복지조정위원회를 두어 필요한 사항을 협의 하도록 하고 있다.

<표 3-14> 장애인복지법과 노인복지법의 비교

구분	장애인 복지법	노인 복지법
법적 근거	장애인복지법 1999.2.8, 법률제 5931호	노인복지법,1997.8.22,법률 제5359호
주요 내용	① 한국장애인복지진흥회를 설립(26조) * 설립목적: 장애인 복지연구, 복지진흥, 체육진흥 도모, 장애인의 사회활동을 원활, 장애인에 대한 국민의 이해증진, 함께 사는 사회환경조성에 앞장, 국제기구와의 교류로 장애인의 복지증진에 기여함 * 사업내용: 체육진흥=장애인체육대회, 장애인올림픽 개최/참가, 장애인생활체육확산/대회지원, 프로그램보급, 지도자교육, 장애인기능회복/ 사회적응력 향상 도모. -문화예술사업=장애인 문화예술활동 전개 -복지진흥사업=장애인생활환경 개선을 위해 장애인복지단체 협의회(15개단체) 참여, -복지연구사업= 장애인 관련 연구사업 ② 국무총리소속, 장애인복지조정위원회설치(11조). 구성=위원 25인 이내, (시행령 3조). * 심의 조정사항 -장애인복지정책의 기본방향, -고용촉진조정사항, 제도개선/예산지원사항, -특수교육정책조정사항, -관련부처 협조사항, ③ 사회경제적 재활: -자금대여, -생업지원, -생산품 생산의뢰 및 우선구매 수의계약 -시설 우선사용, -장애인수당 지급	① 노인사회참여, ② 생업의 지원 ③ 경로우대, ④ 건강진단 ⑤ 상담과 입소, ⑥ 치매관리사업 ⑦ 노인복지 시설의 설치와 운영 -주거복지시설, -노인의료복지시설 ・노인요양시설, ・실비노인요양시설 ・유료노인요양시설, ・노인전문요양시설 ・유료노인전문요양시설 ・노인전문병원 -노인여가복지시설 　・노인복지회관, 　・경로당 　・노인교실, 　・노인휴양소 -재가노인복지시설 　・가정봉사원 파견, 　・주간보호시설, 　・단기보호시설 -가정 봉사원

　　이에 비하여 노인복지법은 노인의 사회참여를 위해 노인지역봉사기관, 노인취업알선 등 필요한 지원과, 예산범위 안에서 활동비 등을 지급 하고 있으나, 근본적으로 노인복지법은 건강노인의 일자리보다 비건강 노인의 건강관리에 중점을 두고 있다고 할 수 있다.

2) 장애인고용촉진 및 직업재활법

　장애인복지법과 함께 장애인고용촉진 및 직업재활법(2000년)은 제36조에 장애인고용촉진공단을 설립토록하고 있는데, 그 주요내용을 살펴보면, ① 장애인 취업을 위한 구인, 구직기회를 제공, ② 장애인의 고용과 취업을 위한 사업추진, ③ 직업재활을 위한 시설운영, ④ 장애인에게 자동차 구입자금과 창업자금 융자, ⑤ 장애인을 고용하는 회사에 자금지원과 융자, ⑥ 장애인 고용부담금을 징수, 장애인취업에 재투자, ⑦ 상세한 조사와 연구, ⑧ 첨단 전산망 시설 구축, ⑨ 구체적이며, 직접적인 서비스 제공 등이다. 특히 장애인 고용촉진과 직업재활을 위해 장애인고용촉진공단을 설립(제36조)토록 규정하여 장애인고용과 직업재활을 위한 구체적인 시행기구 설립을 법적으로 보장하고 있다.

　장애인고용촉진공단에는 산하기구로 고용개발원과 5개의 직업전문학교, 그리고 전국에 13개 지사를 두고 장애인 고용관련 업무를 지원하고 있으며, 이 밖에도 건립추진 단을 보유하고 있다<그림 3-3 참조>

<그림 3-3> 장애인 고용촉진공단 조직 및 기능

1. 조직도

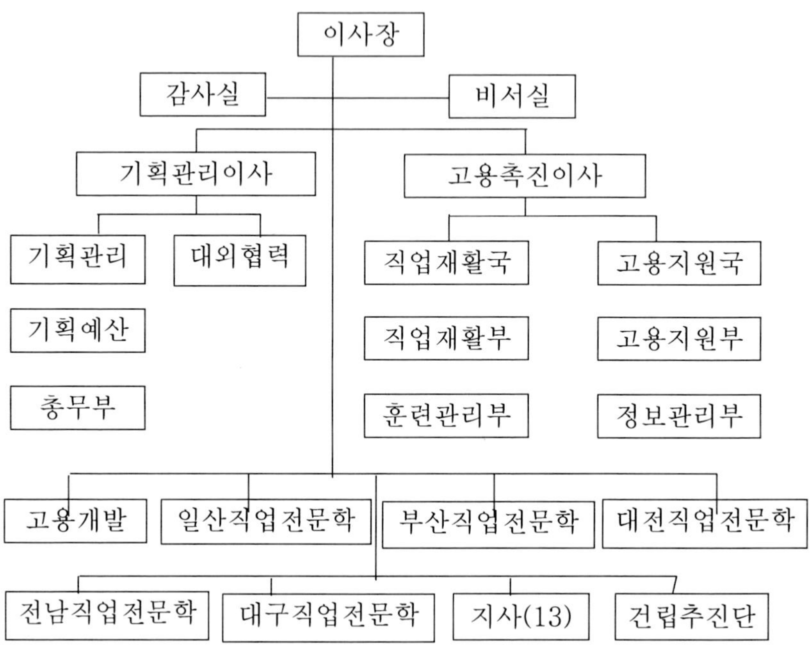

* 자료: http://www.kepad.or.kr의 조직 및 기능 자료를 재구성

2. 공단의 기능

① 장애인취업을 위한 구인구직의 기회 제공

② 장애인의 고용과 취업을 위한 사업 추진

③ 직업 재활을 위한 시설 운영

④ 장애인에게 자동차 구입자금과 창업자금을 융자

⑤ 장애인을 고용하는 회사에 자금을 지원·융자

⑥ 장애인 고용부담금을 징수하여 장애인 취업에 재투자

⑦ 상세한 조사와 연구활동

⑧ 첨단전산망 시설 구축

⑨ 구체적이며, 직접적인 서비스 제공

장애인고용촉진 및 직업재활법과 고령자고용촉진법을 비교하면
<표 3-15>과 같다.

<표 3-15> 장애인고용촉진 및 직업재활법과 고령자고용촉진법의 비교

구 분	장애인고용촉진 및 직업재활법	고령자고용촉진법
법적근거	법률제정 2000. 1. 12, 법률 제6166호	법률제정 1991. 12. 31, 법률 제4487호
주요내용	① 장애인고용촉진공단 설립(제36조) * 설립목적 장애인이 직업생활을 통하여 자립할 수 있도록 지원하고 장애인의 고용촉진 및 직업재활업무를 효율적으로 수행하게 하기 위하여 한국장애인고용촉진공단을 설립한다(제36조 1항). * 공단의 주요업무 -장애인취업을 위한 구인, 구직 기회 제공 -장애인의 고용과 취업을 위한 사업 추진 -직업재활을 위한 시설운영 -장애인에게 자동차구입자금과 창업자금 융자 -장애인을 고용하는 회사에 자금지원·융자 -장애인 고용부담금을 징수, 장애인 취업에 재투자 -상세한 조사와 연구 활동, -첨단 전산망 구축 -구체적이며, 직접적인 서비스 제공 * 장애인고용촉진공단 산하 기구 -공단본부 -고용개발원, -5개 직업전문학교, -전국 13개 지사, -건립추진 단	* 고령자에 대한 직업능력개발훈련(6조) -노동부장관은 고령자고용을 촉진하기 위하여 필요하다고 인정할 때는 고령자에게 직업능력개발훈련을 실시하도록 조치해야한다고 명시되어 있으나, * 고령자 고용촉진을 위한 직업능력개발 훈련이나 추진을 전담하는 기구가 없는 실정임.

2. 장애인 고용 프로그램

현재 보건복지부와 한국장애인고용촉진공단에서 수행하고 있는 장애인고용관련 프로그램은 크게 나누어 직업재활 사업과 장애인직업능력개발훈련, 그리고 사업주 융자 및 지원 프로그램(http://www.kepad.or.kr, 2004) 등이며, 장애인복지관 등에서 운영하는 재활프로그램은 의료재활, 직업재활, 교육재활, 사회재활프로그램 등과 부대프로그램으로 재가복지봉사센터, 주간보호센터, 단기보호센터, 공동생활가정을 운영하고 있다. 그러나 현재는 주로 교육재활과 의료재활에 치우치고 있다(한국노동연구원, 2003). 본 연구에서는 장애인 고용과 관련한 직업재활, 장애인직업능력개발훈련, 사업주융자 및 지원프로그램 분야를 살펴보고 시사점을 찾으려고 한다.

1) 직업재활 사업

장애인의 직업을 통하여 안정된 생활을 유지할 수 있도록 지원하는 과정으로 노동부 산하기관인 한국장애인고용촉진공단과 보건복지부 관련단체인 직업재활센터(37개소), 장애인 단체(37개소), 장애인직업재활시설(88개소), 평가센터(4개소)등에서 수행하고 있다((http://www.kepad.or.kr, 2004).

먼저 장애인고용촉진공단에서 실시하고 있는 직업재활 프로그램은 구인·구직상담 및 정보제공과 취업 알선, 장애인고용시 지원 채용박람회 개최, 그리고 장애인직업상담원 등 전문요원 관리와 장애인고용 우수 사업주 선정 우대, 장애인고용선진국 연수, 장애인고용동향 분석 등을 담당하고 있다. 한편 보건복지부와 관련단체에서는 장애인 직업지도사업, 직업적응훈련사업, 지원고용사업, 취업알선 및 취업 후 적응지도 그리고 신규사업 프로그램에 대한 특별지원사업 등을 시행하고 있다.

2) 장애인직업능력개발훈련

장애인의 직업능력을 향상시켜 보다 나은 일자리를 선택하게 함으로써 안정된 직업생활이 될 수 있도록 하고 있다. 이를 위해 장애인고용촉진공단에서는 전국 5개 권역별로 장애인 전용직업전문학교와 다양한 훈련과정이 개설되어 있는 공공직업훈련시설, 민간인직업훈련시설, 특수학교, 안마수련원, 장애인복지관 등을 지정하여 무료로 수강할 수 있도록 하고 있다.

3) 사업주 융자 및 지원

사업주의 장애인고용의지를 높여서 장애인고용촉진을 꾀하기 위한 제도로서 장애인고용을 위한 시설·장비의 구입과 수리·개조하는 비용이나 운영자금을 지원하여 장애인고용으로 인한 사업주의 경제적 부담을 덜어주고 장애인의 근로여건을 개선하여 주고 있다. 이밖에도 장애인직업생활상담원 및 수화통역사 등 장애인 고용관련 전문인력 교육과 장애인 창업스쿨, 기능경기대회 등을 통해 장애인에 대한 편견 해소와 인식재고로 취업기회 확대와 직업안정을 도모하고 있다.

3. 장애인 취업 실태

2002년 3월 현재 보건복지부에 등록된 장애인은 모두 백17만 8천명이 넘는다. 이 가운데서 장애인고용촉진공단이 지난 1991년부터 2001년까지 파악한 장애인 취업알선 추이를 살펴보면 8천 여명에 이르고 있다. 장애인복지의 목표는 장애인이 자기능력을 최대한 개발하여 적성에 맞는 직업을 가지고, 사회·경제활동에 참여하여 자립·자활을 도모하는 것이다. 장애인고용촉진 등에 관한법률에 따라 300인 이상 사업체에 대하여 2% 이상의 장애인을 의무적으로 고용토록 하는 장애인의무고용제가 실시되고 있고, 국가·지방자치단체도 공개채용공무원의 2% 이상의 장애인을 채용하도록 의무화하고 있어 2001년 현재 8,042명의 장애인이 취업하고 있다.

장애인 복지법과 노인 복지법 등 복지법은 모두 보건복지부에서 입안하였지만 장애인 복지법 제11조에는 국무총리소속하에 장애인복지조정위원회를 설치하여 장애인복지정책의 기본방향과 고용촉진 조정사항, 장애인복지증진을 위한 제도개선 및 예산지원사항, 그리고 특수교육정책조정사항 및 관련부처 협조사항 등을 심의 조정토록 하고 있는가하면, 제26조에 한국장애인복지진흥회를 설립토록 하여, 장애인 복지연구를 비롯한 복지진흥 및 체육진흥 등을 도모하여, 장애인의 사회적 활동을 원활히 하고, 장애인에 대한 국민의 이해를 증진시켜, 더불어 사는 사회 환경조성에 앞장서며, 국제기구와의 교류를 통하여 장애인의 복지증진에 기여토록 하였으나 노인복지를 위해서는 할 수 있다는 선언적 의미 외에는 법규를 실천하기 위한 실천기구가 없는 실정이다.

또한 장애인고용촉진 및 직업재활법과 고령자 고용촉진법은 모두 노동부에서 입안 하였지만 장애인고용촉진을 위해서는 제36조에 한국장애인고용촉진공단을 설립토록 하여, 공단 산하에 직업전문학교(5개소), 고용개발원 등을 두고 장애인고용촉진을 위한 교육 및 프로그램 개발과 알선, 취업 후 관리까지 체계적으로 관리하고 있다. 현재 150만 명 정도의 장애인을 위하여 이와 같은 조직을 운영하고 있는데 반해 850만 명에 이르는 고령자를 위해서는 고작 취업알선 정도를 담당하고 있고, 위탁운영 실태도 담당자 1명 정도로 영세한 실정이다. 따라서 고령자 고용에서도 건강하고 일하기를 원하는 고령자가 언제든지 일할 수 있도록 장애인고용촉진공단과 같은 일원화된 관리체계가 필요하다. 이를 위해 전담기구 설치와 노인과 고령자 고용관련 업무를 일원화하고, 중앙정부와 지방자치단체가 연계하여 특성화된 교육·훈련과 취업알선업무가 추진되어야 한다.

지금까지 설명한 장애인과 고령자의 고용 관련 내용을 요약하면 <표 3-16>과 같다.

<표 3-16> 고령자와 장애인 관련자료 비교

구 분	고 령 자	장 애 인
복지법 입안(보건복지부)	* 노인복지법: (전문개정1997.8.22, 법률 제5359호)	* 장애인복지법: (전문개정1999.2.8 법률 제5931호). -장애인 장애인복지조정위원회(11조) -장애인복지진흥회(재단법인: 26조)
고용촉진법 입안(노동부) 고용촉진공단	* 고령자 고용촉진법 (1991.12.31, 법률 제4487호).	* 장애인 고용촉진 및 직업재활법 (2000.1.12, 법률 제 6,166호) -장애인고용촉진공단 설립(36조)
관련기구	-대상인원: 830만 명 내외 -취업알선기관: | 노인취업 알선센터	고령자 취업알선	CSC
70	14	20 | -전문교육 및 연구기관: 없음	-대상인원: 117만 명 내외 -취업알선기관: 전국 13개 사무소 취업알선 단체: 전국 119개소 -취업교육관: 5개 직업전문학교 -고용개발연구: 1개소
평 가	<u>* 고령자 관련 법적근거</u> -노인복지법과 고령자 고용촉진법 등 법적 근거는 마련되어 있으나, 추진기구가 없어 법조항이 선언적 의미 <u>*교육훈련시설 및 연구개발기구 부재</u> -효율적 시행을 위한 교육시설과 -우선직종을 비롯한 -취업(고용)연구개발기능이 미흡함	*장애인 관련 법적근거 -장애인 복지법을 근거로 장애인 복지진흥회, 고용촉진 및 직업재활법을 근거로 장애인고용촉진공단을 설립, 장애인고용교육과 연구개발기능유지 -장애인 고용을 위한 제도적 뒷받침으로 체계적이고 조직적인 장애인 고영업무를 추진할 수 있음.
과 제	* 고령자 취업 활성화를 위해 장애인 고용 관련 자료와 비교할 때 고령자 취업과 관련된 인적자원 파악과 고용촉진 기능을 가진 일원화된 기구 필요 <u>* 고령자인력전담기구(가칭: 고령자 고용활성화위원회) 신설 필요</u> 　　　　* 고령자 고용활성화 위위원회 기능 ① 고령자 자원관리 및 사업총괄(복지, 노동, 환경, 행자, 교육, 문광부) ② 비 건강고령자 관리(재가, 시설, 병원 등에서 요양하는 고령자) <u>③ 취업희망 고령자 관리(건강하나 경제적으로 어려운 고령자)</u> ④ 고령자 자원봉사자 관리(건강하고 경제적으로 여유있는 고령자) ⑤ 고령자 취업교육기구 및 연구 개발·창업지원 기구 관장 　　** 고령자인력전담기구(고령자 고용활성화위원회) 참조	

제4절 실증적 조사 분석

1. 조사 대상의 선정 및 조사방법

1) 조사 방법

본 연구는 고령자 취업을 담당하는 실무자들의 현실성 있는 의견을 취합하여 연구목적에 가장 적합한 조사를 진행하기 위하여 Delphi 기법을 사용하여 설문지를 구성하였다. Delphi 기법으로 설문지를 구성하기 위하여 2004년 1월에 서울 지역 노인 종합 복지관의 고령자 취업 담당자 총 20명에게 1차 Delphi 설문지를 발송하였으며, 2004년 2월 수집된 총 131문항의 개념화 작업을 통해서 81문항이 도출되었다(부록 참고). 1차 Delphi 설문지의 개념화 작업을 통해서 만들어진 2차 Delphi 설문지를 2004년 4월 발송하였고, 각각의 문항이 연구 내용에 맞게 잘 구성되었다고 판단되어 문항수의 축소 없이 최종 설문지를 구성하였다. 본 연구에 사용되었던 Delphi 기법의 절차를 보면 다음과 같다(<표 3-17> 참고).

본 연구조사기간은 2004년 8월 2일부터 8월 30일까지 약 1개월 동안 실시하였다. 자료수집방법으로는 관찰이나 면접 등 여러 가지 방법이 있을 수 있겠으나 이들 중 결과의 비교가능성을 가장 높일 수 있는 표준화 된 설문지(questionnaire)를 사용하는 설문조사법을 이용하였다[13]. 설문지의 수집은 우편물로 발송하고 FAX로 회수하

---

13) 설문조사법은 모든 응답자에게 동일한 방식으로 질문을 하므로 측정도구의 변화에 따른 측정의 오류를 최소화 할 수 있기 때문에 결과의 비교 가능성도 높아지게 되는 것이다. 또한 빠른 시간에 핵심적인 정보만을 선별하여 비교적 개관적이고 솔직하게 그리고 정확한 정보를 입수할 수 있기 때문이다. 그러나 설문지법을 이용한 자료 수집은 응답당시의 주변상황이나 응답자의 기분상태에 의해 정확한 측정이 이루어지지 않을 수 있고, 도한 응답자가 사회적으로 바람

는 방법과 직접 방문 조사·회수하는 방법을 병행 하였다. 설문지 회수율을 높이기 위하여 상품권 만원 상당을 동봉하였으며, 서울지역은 직접 방문하여 조사·회수하는 방법으로 진행 하였으며, 그 결과 설문지는 총 103부 가운데 73부가 회수되어 회수율 약 70.9%를 유지 하였다.

<표 3-17> Delphi Method Procedure

	Process	Outcome	N=20 (%)	Validity Analysis
	노인 복지관 및 종합사회복지관의 고령자 취업 관련 담당자들의 참여 모집	20명의 고령자 취업 담당자들이 참석에 동의		
Round 1	우선되는 6가지 주제를 선정하고 Open Question으로 1차 질문지 발송 →	참여자 20명중 15명이 응답하여 131개의 중요한 주제들이 도출됨	N=15 (75%)	
	3명의 전문가 자문으로 주제들을 검토하여 181개의 주제들이 나타남 ⟶			연구자가 주제를 개념화
		81개의 주제로 좁힘		
	전문가들에게 81개의 주제에 대해 5점 척도로 우선순위와 중요도를 매기도록 요청 →	15명의 토론자 중 15명이 응답		
Round 2	평균, 중앙값, interquartile range, 전문가들이 표시한 각 주제들의 중요도를 계산 →	81개의 아이템이 10가지 주제로 나뉘어짐	N=15 (75%)	
Round 3	Round 2에서 나타난 통계를 중심으로 질문지 개발			

직하다고 생각하는 방향으로 응답할 위험을 내포하고 있다는 단점을 가지고 있다(채서일, 2000; 274).

130

2) 조사 대상자

본 연구에서 연구 대상자는 실제 취업 대상자인 고령자와 고령자를 취업하는 기업이나 공공기관 그리고 취업을 알선하는 고령자(노인)취업알선센터의 담당자 등이다. 본 연구에서는 취업을 희망하는 고령자의 취업욕구에 관한 조사는 기존의 많은 연구 자료를 참고하였으며, 해당기업들은 기업의 이미지를 고려하여 설문 자체를 거부하고 있어, 취업 희망자인 고령자와 기업(고용주)간을 연결하여 취업을 알선하는 고령자(노인)취업알선센터의 담당자를 모집단으로 설정 하였다. 본 실증연구의 대상자는 보건복지부에서 대한노인회에 위탁 운영하는 전국 노인취업알선센터(70개소)와 서울시 고령자 취업알선센터(13개소), 그리고 지역사회 시니어클럽(20개소), 등 모두 103개소의 취업알선 담당자를 대상으로 하였다.

3) 조사대상의 특징

설문조사 결과 수집된 표본 중 분석에 활용된 73명에 대한 분포특성은 아래의 <표 3-17>에서 보는 바와 같다. 우선성별은 남성이 36명으로 49.32%, 여성이 37명으로 50.68%를 차지하여 거의 같은 비율을 나타내고 있다. 연령은 20대가 22명으로 30.14%를 차지하여 가장 많은 비율을 보였고 그 다음으로 30대가 17명으로 23.29%를 차지하였다. 반면, 50대는 9명으로 12.33%를 차지하여 가장 적은 비율을 나타냈다. 하지만 60대 이상이 13명으로 17.81%를 나타내어 비교적 고령자 취업 담당자들의 연령대가 다양한 분포를 보이는 것을 알 수 있다. 다음으로 교육수준은 대학교 졸업이 21명으로 28.77%를 차지하여 가장 많았고, 그 다음은 고등학교 졸업이 19명으로 26.03%를 나타내었다. 또한 대학원 재학 및 졸업도 15명으로 22.05%를 나타내어 비교적 높은 교육 수준을 보이고 있다.

<표 3-18> 표본의 인구통계 특성

변 수		빈도(N)	비율(%)
성 별	남 자	36	49.32
	여 자	37	50.68
연 령	21세~30세	22	30.14
	31세~40세	17	23.29
	41세~50세	12	16.44
	51세~60세	9	12.33
	61세 이상	13	17.81
교육 수준	고등학교 졸업	19	26.03
	전문대학 졸업	18	24.66
	대학교 졸업	21	28.77
	대학원 재학 및 졸업 이상	15	20.55
기관 형태	노인취업알선센터	37	50.68
	고령자취업알선센터	10	13.70
	지역사회시니어클럽	17	23.29
	노인(사회)종합사회복지관	9	12.33
근무 형태	정규직	59	80.82
	임시직(종일제)	7	9.59
	임시직(시간제)	–	–
	기 타	7	9.59
근무 기간	1년 이하	14	19.44
	3년	27	37.50
	5년	17	23.61
	5년 이상	14	19.44

  다음으로 기관 특성을 보면 조사에 참여한 기관은 노인 취업 알선 센터가 가장 많아 37명으로 50.68%를 나타내었고, 그 다음으로 기 타 기관에 해당하는 지역 사회 시니어 클럽 등이 17명으로 23.29%, 고령자 취업 알선센터가 10명으로 13.7%, 노인 종합 사회복지관이 9명으로 12.33%를 차지하였다. 근무형태는 80.82%인 59명이 정규 직으로 근무하고 있었고, 종일제 임시직이 7명 9.59%, 자원봉사 및

아르바이트 등의 기타가 역시 7명으로 9.59%를 차지하였다. 근무 기간은 3년 이하가 27명으로 37.50%로 제일 많았고, 그 다음으로 5년 이하가 17명으로 23.61%를 차지하였다. 반면, 1년 이하와 5년 이상은 14명으로 19.44%를 차지하여 가장 적었다.

종합해보면, 본 연구에 사용된 표본은 대부분 노인 취업알선센타와 고령자취업센터 등 노인 전문 취업 기관에 근무하는 대상으로 1년 이상의 비교적 장기간 근무한 것으로 보여 지며, 다양한 연령과 높은 교육수준을 가진 집단임을 알 수 있다.

2. 분석 방법 및 설문지 구성

1) 분석 방법

본 실증연구는 고령자고용정책의 제도(정책)와 프로그램 측면에서의 현황과 문제점을 고령자취업알선센터와 노인취업알선센터 그리고 지역사회시니어클럽 담당자들의 인지도 차이를 통해 분석·파악함으로써 앞으로의 고령자고용정책의 바람직한 정책적 대안 및 정책 아이디어를 도출하기 위한 실증자료 분석의 방법론에 초점을 맞춘 조사이다.

본 연구에서의 분석도구는 SAS 통계프로그램(Ver. 8.1)을 이용하였으며, 구체적인 통계분석기법은 다음과 같다

첫째, 고령자 및 노인취업알선센터 그리고 지역사회시니어클럽 담당자들의 인구 통계적인 특성을 파악하고, 1차 Delphi 설문 시 응답의 빈도를 파악하기 위하여 빈도분석을 실시하였다.

둘째, 2차 Delphi 설문과 최종 설문 문항의 평균값을 통하여 중요도를 파악하기 위하여 평균과 표준편차가 사용되었다.

셋째, 본 실증조사를 위해 실시한 설문지 척도의 적합성을 살펴

보기 위해 Cronbach'α값을 사용하여 척도의 신뢰도와 정확성을 평가하였고, 설문에 사용된 모든 문항이 신뢰도 0.71~0.91을 나타내어 비교적 높은 신뢰도를 보였음을 알 수 있다.

3. 실증 분석

고령자 취업 정책에 관한 문제점과 해결 방안 등을 알아보기 위하여 Delphi 방법을 통하여 설문 문항을 작성하였다. 그 문항을 바탕으로 5점 척도로 질문한 내용의 평균을 분석하였다. 각각의 항목에 대한 결과는 다음과 같다.

1) 고령자 취업 정책의 문제점

고령자 취업 정책의 문제점은 무엇인가에 대하여 실효성, 추진력, 운영, 인식, 인력 등의 8가지 항목으로 알아보았다. 그 결과 <표 3-24>에서와 같이 '노인 인력 중심의 복지공장 및 사업장 부재'가 4.45로 가장 많은 점수를 나타내었고, 그 다음이 '고령자 채용 활성화를 위한 예산 부족'이 3.99, '고령자 채용 정책의 실효성 부족'이 3.95를 차지하였다. 반면, '고령자 취업을 담당할 전문 인력 부재'는 3.75로 가장 낮은 점수를 보였다.

134

<표 3-19> 고령자 취업 정책의 문제점

구　　　　　　분	Mean(±S.D)
고령인력 중심의 복지공장 및 사업장 부재	4.45(±0.8)
고령자 채용 활성화를 위한 예산 부족	3.99(±1.0)
고령자 채용 정책의 실효성 부족	3.95(±1.0)
고령자 취업분야의 통합된 주무관청이 없어서 비효율적 운영됨	3.90(±1.1)
고령자 취업에 대한 사회적 인식 부족	3.89(±1.1)
고령자 채용 정책의 추진력 부족	3.85(±0.9)
강력한 법적 근거 미비로 고용주 임의의 조기퇴직이 자행됨	3.85(±1.0)
고령자 취업을 담당할 전문 인력 부재	3.75(±1.0)

Cronbach'α = 0.74

　즉, 고령자 취업 정책에 있어서 실제로 노인들이 일을 할 수 있는 필드(현장)가 부족한 것이 가장 큰 문제이며, 그 외에 실질적인 부분에서 예산과 정책의 실효성 부족을 문제점으로 인식하고 있었다.

　2) 고령자 취업 정책의 문제점 해결 방안

　고령자 취업 정책의 문제점의 해결 방안을 기관, 인력, 예산, 정책, 프로그램 등의 8가지 항목으로 알아보았다. <표 3-20>에서 보는 바와 같이 고령자 취업 활성화를 위한 사업 예산의 현실화가 4.35로 가장 많은 점수를 차지하였다. 그 다음으로 '공공기관에서의 고령자 취업을 모범적으로 실천'이 4.21, '고령자 취업을 전담할 수 있는 단일화된 기관 설치'가 4.17을 차지하였다. 반면 '고령자 취업 활성화를 위한 전문 인력 확충'은 가장 낮은 4.07을 나타내었다.

　즉, 고령자 취업 정책의 문제점을 해결하기 위해서는 현실적인 예산을 책정하고 공공기관에서 먼저 노인 인력을 채용하도록 하는

것이 바람직하며, 전문 인력을 두는 것은 그다지 중요한 문제가 아
닌 것으로 인식하고 있었다.

<표 3-20> 고령자 취업 정책의 문제점 해결 방안

구　　　　분	Mean(±S.D)
고령자 취업 활성화를 위한 사업 예산의 현실화	4.35(±0.6)
공공기관에서의 고령자 취업을 모범적으로 실천	4.21(±1.0)
고령자 취업을 전담할 수 있는 단일화된 기관 설치	4.17(±0.9)
노인 취업 관련 data base 구축을 통한 적합한 일자리 창출	4.15(±0.9)
노동·복지·교육부 연계의 전문화된 노인취업프로그램 운영	4.14(±1.0)
고령자 고용 활성화를 위한 강제성 있는 법적 근거 마련	4.11(±1.1)
고령자에게 적합한 생산라인설치	4.11(±1.0)
고령자 취업 활성화를 위한 전문인력 확충	4.07(±0.8)
Cronbach'α = 0.78	

3) 고령자 취업 정책에 있어 보건복지부의 역할

고령자 취업 정책에 있어 보건복지부의 역할을 연구, 운영, 교육,
관리, 일자리 창출 등의 8가지 항목으로 알아보았다. 그 결과 <표
3-21>에서와 같이 '고령자 취업 관련 기관 및 센터 통합 운영'이
4.21로 가장 많은 점수를 나타내었다. 그 다음으로 '공공 영역에서
의 일자리 창출' 4.16 '고령자 취업 활성화를 위한 연구'가 4.03을
기록하였다.

<표 3-21> 고령자 취업 정책에 있어 보건복지부의 역할

구 분	Mean(±S.D)
고령자 취업 관련 기관 및 센터 통합운영	4.21(±0.9)
공공 영역에서의 일자리 창출	4.16(±0.8)
고령자 취업 활성화를 위한 연구	4.03(±1.0)
고령자의 취업에 관한 상담과 적응 교육	3.85(±1.0)
고령자 생활실태 및 욕구 조사	3.85(±0.8)
노인복지공장 및 사업장 건설	3.81(±1.2)
실무자 교육 및 관리	3.79(±0.8)
고용보험 예외자 우선 취업시키도록 관리	3.58(±1.1)

Cronbach'α = 0.71

4) 고령자 취업 정책에 있어 노동부의 역할

고령자 취업 정책에 있어 노동부의 역할을 교육, 예산 지원, 관리, 일자리 창출 등의 7가지 항목으로 알아보았다. <표 3-22>와 같이 '사회적 일자리 창출'이 4.26으로 가장 많았고, 그 다음이 '고령자 취업에 따른 예산지원'이 4.18을 차지하였다.

<표 3-22> 고령자 취업 정책에 있어 노동부의 역할

구 분	Mean(±S.D)
사회적 일자리 창출	4.26(±0.8)
고령자 취업에 따른 예산 지원	4.18(±0.9)
고령자 고용 촉진법의 의무 규정화	4.08(±1.1)
취업을 희망하는 고령자의 교육 및 훈련 전담	4.03(±1.0)
근로 환경 개선(인사관리시스템포함) 등의 기업 지원 업무	3.81(±0.9)
정년 연장	3.69(±1.0)
소규모 창업 지원	3.42(±1.2)

Cronbach'α = 0.81

즉, 고령자 취업 담당자들은 보건복지부의 역할을 고령자 취업에 대한 전반적인 연구와 통합된 센터를 운영하여 고령자 취업에 대한 전반적인 관리를 하는 것을 보고 있고, 노동부의 역할로 교육 지원 및 일자리 창출과 예산 지원 등의 세부적인 지원을 보고 있었다.

5) 고령자 취업에 대한 기업의 입장

고령자 취업 정책에 있어 기업의 입장을 편견, 절차의 번거로움, 인식, 법적 강제력 등의 7가지 항목으로 알아보았다(<표 3-23> 참고). 그 결과 '고령자 채용에 대한 법적 강제력이 없으므로 채용을 기피'가 4.22로 가장 높은 점수를 보였고, 그 다음으로 '노인의 신체적·사회적·인지적 능력 부족으로 생산성이 낮아진다는 부정적인 편견'이 4.12를 기록하였다. 반면 '기업 내에서 젊은 세대와의 부조화를 우려'는 3.38로 가장 낮은 점수를 보였다.

즉, 기업이 고령자 채용을 기피하는 것은 노인에 대한 부정적인 편견과 법적인 강제력이 없으므로 고령자 채용에 대한 필요성을 인식하지 못하는 것으로 인식하고 있었다.

<표 3-23> 고령자 취업에 대한 기업(고용주)의 입장

구　　　　　　　　분	Mean(±S.D)
고령자 채용에 대한 법적 강제력이 없으므로 채용을 기피	4.22(±0.9)
노인의 신체적·사회적·인지적 능력 부족으로 생산성이 낮아진다는 부정적인 편견	4.12(±0.8)
노인의 갑작스런 건강 악화와 각종 사고 발생 우려	3.90(±1.0)
고용 촉진 장려금을 받는 절차가 번거로움	3.57(±1.1)
영리추구를 목적으로 하는 기업의 목표 달성에 걸림돌이 됨	3.50(±1.2)
고령자 채용시 적정 급여 책정의 문제	3.40(±1.2)
기업 내에서 젊은 세대와의 부조화를 우려	3.38(±1.1)

Cronbach'α = 0.70

6) 고령자 취업 교육 프로그램의 문제점

고령자 취업 교육 프로그램의 문제점을 인식, 교육 내용, 사후 관리, 예산 등의 10가지 항목으로 알아보았다(<표 3-24> 참고). 그 결과 '예산 부족'이 4.16으로 가장 높았고, 그 다음으로 '교육 수료 후 취업 알선 및 사후 교육 등의 관리 부재'가 4.07을 나타내었다. 그 반면 '까다로운 참가조건과 행정절차'는 3.26으로 가장 낮았다.

즉, 고령자 취업 교육 프로그램의 문제점은 우선 프로그램을 개발하거나 실시하는데 드는 예산이 부족하고, 표준화된 교육 내용 및 교육 후의 관리 체계가 없다는데 심각한 문제가 있는 것으로 보여 진다.

<표 3-24> 고령자 취업 교육 프로그램의 문제점

구　　　　　　　분	Mean(±S.D)
예산 부족	4.16(±0.9)
교육 수료 후 취업 알선 및 사후 교육 등의 관리 부재	4.07(±0.7)
취업에 관한 다양하고 실질적인 교육 부재	3.89(±0.9)
일자리에 대한 기업의 수요 파악 부재	3.86(±0.9)
표준화된 교육내용 부재	3.83(±0.9)
고령자 취업 교육에 대한 홍보 부족	3.81(±0.9)
일원화된 교육 훈련 창구의 부재	3.78(±0.9)
취업에 대한 고령자의 인식 부족	3.51(±1.1)
전문적인 강사 부재	3.45(±0.9)
까다로운 참가조건과 행정절차	3.26(±1.2)

Cronbach'α = 0.78

7) 고령자 취업 교육 프로그램의 나아갈 방향

고령자 취업 교육 프로그램의 나아갈 방향을 분야 개발, 예산 지원, 전담 기관 등의 10가지 항목으로 알아보았다(<표 3-25> 참고). 그 결과 '노동·복지·교육부 연계하여 예산 지원 확대 및 교육 활성화'가 4.31로 가장 높은 점수를 보였고, 그 다음으로 '교육 후 재교육 및 취업 연계의 사후 관리'가 4.13을 나타내었다. 반면 '취업 교육을 정식 학교 교육으로 인정'은 3.13로 가장 낮은 점수를 보였다.

즉, 취업 교육이 실효성을 갖기 위해서는 예산 지원 및 교육을 활성화 시키는 것이 가장 중요하고 교육 후 재교육 및 취업 연계 등의 사후 관리 역시 필요하다. 이는 취업 교육의 확대 뿐 아니라 실질적인 적용에 이르기까지 많은 노력과 관리가 필요함을 말하고 있다고 보여 진다.

<표 3-25> 고령자 취업 교육 프로그램의 나아갈 방향

구　　　　　분	Mean(±S.D)
노동·복지·교육부 연계하여 예산 지원 확대 및 교육 활성화	4.31(±0.9)
교육 후 재교육 및 취업 연계의 사후 관리	4.13(±0.9)
고령자의 needs에 맞춘 업무 분야 개발 및 교육	4.11(±0.8)
교육 프로그램 연구 및 개발을 위한 전담 기관 필요	4.04(±0.9)
사업체 연계한 현장체험 위주의 교육이 필요	4.03(±0.9)
구체적이고 실효성 있는 기술 교육	4.00(±0.9)
기업의 needs에 맞춘 업무 분야 개발 및 교육	3.88(±0.9)
창업지원 및 사회적 일자리 개발과 교육	3.86(±0.9)
직능교육 뿐 아니라 소양교육도 병행 실시	3.74(±1.0)
취업교육을 정식 학교 교육으로 인정	3.13(±1.1)

Cronbach'α = 0.87

8) 우선적으로 시행해야할 교육 분야

고령자 취업 교육 프로그램에서 우선적으로 시행해야할 분야를 자격증 관련 교육, 직종 교육 등의 분야별로 6가지 항목으로 알아보았다(<표 3-26> 참고). 그 결과 '특기 강사 양성 교육'이 3.78로 가장 높았고, 그 다음으로 '소양 교육'이 3.60으로 높았다. 하지만 6개 항목 모두 평균점이 3점대를 보여서 분야별로 각각의 교육 내용이 중요하다는 인식은 높지 않은 것으로 보여 진다. 결국 교육의 분야 보다는 그 내용과 질이 중요한 것으로 인식하고 있음을 알 수 있다.

<표 3-26> 우선적으로 시행해야할 교육 분야

구 분	Mean(±S.D)
특기 강사 양성 교육	3.78(±1.0)
소양 교육	3.60(±1.0)
컴퓨터 활용 교육	3.58(±0.9)
특수 영업직 및 서비스 직종 교육	3.57(±1.1)
소규모 창업 기술 교육	3.36(±0.9)
자격증 관련 교육	3.13(±1.1)
Cronbach'α = 0.71	

9) 고령자 취업 활성화를 위한 장기적 방안

고령자 취업 활성화를 위한 장기적 방안을 단일화된 기관, 일자리 창출, 사회적 인식 전환, 연구, 정책 등의 8가지 항목으로 알아보았다(<표 3-27> 참고). 그 결과 '고령자 취업에 대한 사회적 인식 전환'이 4.29로 가장 높았고, 그 다음으로 '기업과 사회의 일자리 창출 노력’이 각각 4.27, 4.26을 ‘고령자 취업을 위한 단일화된 기관 운영’이 4.17을 나타내었다. 반면 ‘공적보험 체계 완비’는 가장 낮은 3.91을 기록하였다. 즉, 고령자 취업을 활성화시키기 위한 장기적인 방안은 고령자 취업을 담당하는 하나의 창구를 운영하고, 사회적 국가적으로 일자리를 창출하도록 노력하고, 나아가 고령자 취업에 대한 인식전환이 가장 필요하다고 인식하고 있었다.

<표 3-27> 고령자 취업 활성화를 위한 장기적 방안

구 분	Mean(±S.D)
고령자 취업에 대한 사회적 인식 전환	4.29(±0.9)
기업의 일자리 창출 노력	4.27(±0.8)
사회적 일자리 창출 노력	4.26(±0.8)
고령자 취업을 위한 단일화된 기관 운영	4.17(±0.9)
고령자 채용에 대한 강력한 법적 근거 마련과 시행	4.11(±1.1)
고령자 우선 취업 직종을 법으로 고시	4.06(±1.1)
고령자 취업에 대한 연구	3.94(±0.9)
공적 보험 체계 완비	3.91(±1.0)
Cronbach′α = 0.85	

10) 고령자 취업 활성화를 위한 우선 해결 사항

고령자 취업 활성화를 위해 우선적으로 해결해야할 사항을 기관의 단일화, 교육 기관 설치, 제도의 현실화, 근무 환경 개선, 인식 전환 등의 12가지 항목으로 알아보았다(<표 3-28> 참고). 그 결과 ‘공공 기관에서 고령자 채용 우선 실시’가 4.25로 가장 높았고, 그 다음으로 ‘고령자 취업에 대한 사회적 인식 개선’이 4.19를 차지하였다. 반면, ‘모든 기업에 임금 피크제 도입’은 3.34로 가장 낮은 점수를 보였다.

즉, 고령자 취업 활성화를 위해서는 국가적으로 먼저 시행하여 사회적으로 인식 개선의 시작이 될 수 있도록 솔선수범하는 것이 필요할 것이라고 보고 있다. 또한 고령자 취업 교육에 대한 예산을 현실적으로 확충하고, 고령자 채용에 대한 적극적인 홍보를 통하여 기업과 고령자 모두에게 참여의 기회를 확대하는 것 역시 필요할 것이라고 보여 진다.

<표 3-28> 고령자 취업 활성화를 위한 우선 해결 사항

구 분	Mean(±S.D)
공공 기업에서 고령자 채용 우선 실시	4.25(±1.0)
고령자 취업에 대한 사회적 인식 개선	4.19(±1.1)
고령자 취업 교육 예산 확충	4.14(±1.0)
고령자 채용에 대한 적극적 홍보 (ex: 고령자 채용 박람회 등)	4.12(±1.0)
고령자 취업 기관의 단일화	4.08(±0.9)
고용 촉진 장려금 제도의 현실화	4.04(±0.9)
기업에서 퇴직자 재취업 교육	3.90(±0.9)
고령자의 근무 환경 개선 강화	3.89(±0.9)
고령자 취업 전문 교육 기관 신설	3.88(±1.1)
고령자 중심의 사업장 건설	3.75(±1.2)
고령자 취업을 위한 연구·개발 기구 신설	3.61(±1.1)
모든 기업에 임금 피크제 도입	3.34(±1.0)

Cronbach'α = 0.91

제5절 분석 결과(함의)

지금까지 살펴본바와 같이 미국과 일본의 고령자고용정책들은 우리에게 시사하는 바가 크다. 우리도 선진국의 법과 제도를 본 받은 것이지만 우리의 정치·경제·사회·문화적인 토양이 맞지 않으면 정착되기가 어렵다는 점을 알 수 있다. 더구나 선진국에서 조차 오랜 시간을 거치면서 제도적 정착을 위해 노력하고 있는 고령자고용 관련 문제를 우리는 지난 2000년, 고령화사회로 들어서면서 사회적 문제로 인식하는 정도여서 구체적인 준비가 미흡한 것이 사실이다.

우리나라의 복지와 고용관련법 중에서도 1990년대 이후에 도입된 장애인복지법과 장애인고용촉진 및 직업재활법에서는 장애인복지진흥회와 장애인고용촉진공단을 설립하여 장애인관련 정책들을 집행할 수 있도록 조직화 체계화 되어 있음을 알 수 있다. 한편 설문에서도 알 수 있듯이 우리나라 고령자 취업을 위한 우선적으로 해결되어야 할 사항이나 노동부와 보건복지부의 역할이 잘 못되어 있음을 알 수 있다.

구체적으로 1절 고령자고용정책 및 취업현황, 2절 외국의 고령자고용정책 비교고찰, 3절 장애인고용제도와의 비교 분석, 4절 설문을 통한 실증적 조사·분석 한 내용에서 다음과 같은 함의를 구할 수 있다.

첫째, 고령자고용관련 법과 제도의 보완 필요성이다. 3장 1절에서 살펴본 바와 같이 미국의 경우는 '연령에 따른 고용기회의 차별을 금지'토록하고 있으며, 노동성과 보건복지후생성에서 입안되었던 법들도 보건복지후생성 산하의 노인청으로 사업예산의 집행이 일원화되어 있음을 알 수 있다. 일본의 경우는 '고령자고용 의무화'를 법적으로 강력하게 강조하고 있고, 고령자고용과 관련한 정부의 각 부서에서 다양한 사업을 계획하고 기업과 긴밀하게 연계하는 등 정부가 적극적인 활동을 추진하고 있다. 우리나라에서도 장애인 관련 법에는 장애인 복지는 물론 장애인고용을 촉진하기 위한 법적 근거와 이를 실천하기 위한 추진기구를 체계적으로 갖추고 있다. 장애인복지법에는 국무총리소속하에 장애인복지조정위원회를 설치(11조)하여 장애인복지정책의 기본방향과 고용촉진조정, 장애인복지증진을 위한 제도개선 및 예산지원사항 등을 심의 조정토록 하고 있는가 하면, 한국장애인복지진흥회를 설립(26조)하여, 장애인복지연구를 비롯한 체육진흥을 도모하는 등 장애인의 복지증진에 기여토록 하고 있으나 노인복지를 위해서는 할 수 있다는 선언적 의미 외에는 법규를 실천하기 위한 실천기구가 없는 실정이다.

또한 장애인고용촉진 및 직업재활법에 한국장애인고용촉진공단을 설립(36조)토록 하여, 장애인고용촉진공단 산하에 직업전문학교(5개소), 전국에 장애인고용사무소(13개소) 그리고 고용개발원 등을 두고 장애인고용촉진을 위한 교육 및 프로그램 연구·개발과 알선, 취업 후 관리까지 체계적으로 하고 있다. 약 150만 명 정도의 장애인을 위하여 이와 같은 조직을 운영하고 있는데 반해 800만 명을 넘는 고령자를 위해서는 취업알선을 위탁·운영하는 정도이며, 취업알선센터의 운영도 담당자 1-2명으로 영세한 실정이다.

둘째, 고령자고용 관련법이 복지적 측면의 노인복지법과 인력활용이라는 측면의 고령자고용촉진법으로 이원화 되어 있다. 이에 따라 정책을 입안하고 추진하는 정부기관도 보건복지부와 노동부로 분산되어 있다. 고령자와 노인의 연령 구분이 다르다는 이유만으로 취업을 알선하는 기구도 고령자취업알선센터와 노인취업알선센터로 이원화 되어 있고, 운영상태 또한 양쪽 모두가 열악한 수준이다.

미국의 경우는 노동부와 보건복지부로 정책결정과정은 이원화 되어 있지만 정책의 집행은 '노인청'으로 일원화 하여 시행되고 있다. 우리나라도 정책을 입안하고 결정하는 정부부서는 서로 다를지라도 정책을 집행하는 과정에서는 일원화 할 필요성이 제기된다.

　셋째 고령자고용의 일관성과 효율성을 위한 전담 실행기구가 필요함을 알 수 있다. 앞으로 15년 정도면 고령사회로 진입하게 될 우리나라로서는 급격하게 증가하는 고령인력과 이에 따른 고용문제에 대한 대응책을 연구 개발하고 취업을 원하는 고령인력을 파악하여, 취업을 알선하고 필요한 교육훈련과 국민적공감대를 형성 할 수 있도록 홍보하는 전담기구가 필요하다는 것이다. 미국의 경우 중앙에 노인청을 설립하여 고령자 취업 문제를 총괄하며, 각 주별로 노인사무소와 연계하고 지역별로 필요한 사업에 예산을 지원하는 등 고령자고용문제를 전담하고 있다. 우리나라도 때늦은 감이 없지 않으나 지금부터라도 고령자취업을 위한 하부기구들을 통합하고, 고용정책을 개발하여 발전시켜 나가는 대책을 강구해야 할 때가 되었음을 알 수 있다.

　넷째, 세부 프로그램의 개발이다. 일본보다 더욱 빠른 속도로 고령사회로 진행 중인 우리나라는 최소한 일본과 같은 정도로 고령자 재취업에 관한 법적·제도적 장치를 강력하고 구체적으로 명시하고, 범 정부차원에서 재취업을 위한 정책을 추진하여야 할 것이다. 동경도 고령자사업단과 같이 지방자치단체별로 고령자 사업을 주관하는 실천기구를 두어 개인별 취업은 물론 단체사업과 공동작업장과 같은 생산공장(농장) 등을 설립해 경제활동인구와 중첩되지 않으면서 고령자들의 생계와 경제성을 보장해 줄 수 있는 사업들을 추진할 필요가 있다.

　이밖에도 노동부에서 마련한 고령자우선고용직종과 보건복지부의 사회적 일자리를 하나로 묶어 고령자우선고용직종으로 하되 65세를 전후로 하여 단순노동과 전문기술직종으로 구분하여 단일화 시킬 필요가 있으며, 발전적으로 현행 노인인력운영센터를 고령자인력활성화위원회로 확장하는 방안 등을 검토할 필요가 있다.

지금까지 살펴본 3장의 내용을 종합하면 고령자고용활성화를 위한 시사점을 살펴볼 수 있다. 이를 모형으로 제시하면 <그림 3-4>와 같다.

<그림 3-4> 고령자고용활성화 모형

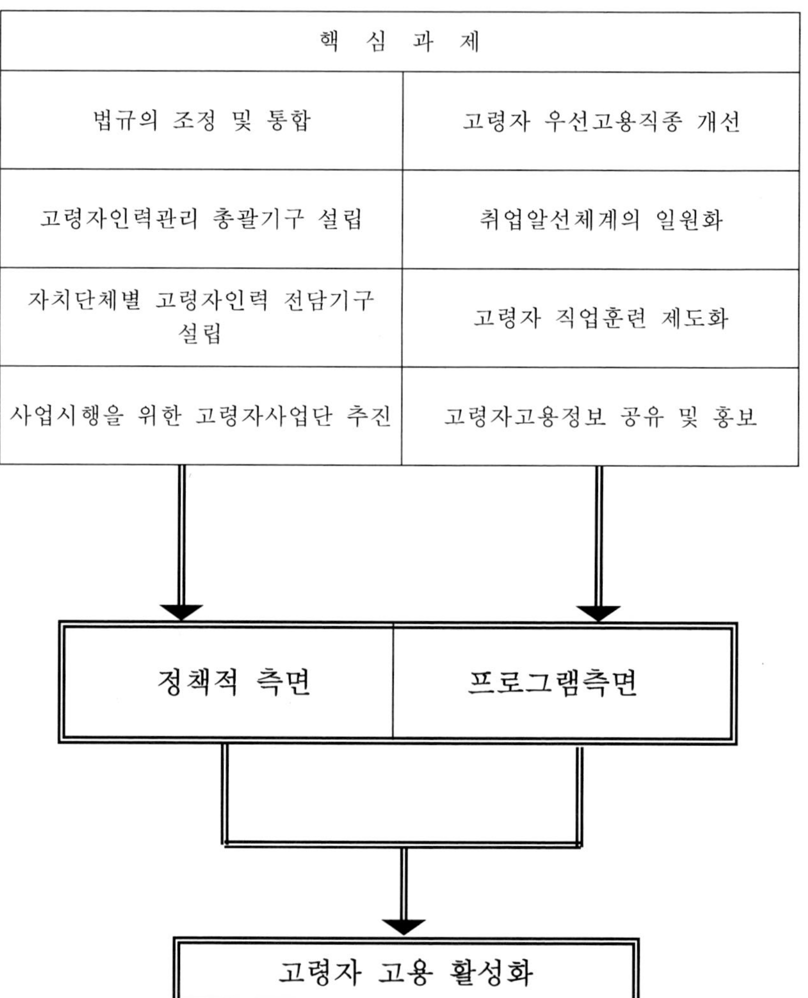

제4장 고령자 고용활성화 방안

제1절 고령자 고용 정책적 측면

지금까지 제3장에서 외국(미국과 일본) 고령자 고용정책의 비교와 우리나라 장애인 고용제도 분석 자료 그리고 고령자취업알선센터 담당자의 설문 등에서 나타나고 있는 여러 가지 시사점과 문제점등을 검토해 보았다. 현행 고령자 고용문제에 대한 다양한 정책과 프로그램들이 실행되고 있지만, 고령자의 실업문제 해결에 대한 실효성 측면에서 내세울만한 정책들이 찾아보기가 어려울 정도다.

그동안 경제발전에 따라 그때그때 필요에 의하여 시차적으로 도입된 법과 제도들은 체계화 되지 못하고 상호간의 연계성이 결여되어 있음을 알 수 있다. 그래서 정책을 집행과정이 이원화 되거나 분산되어 있으며, 프로그램들이 백화점식으로 나열되어 있어 운영 및 전달체계가 실효성을 거두지 못하고 있는 실정이다. 따라서 법과 제도의 수정·보완이 무엇보다 시급한 과제라 할 수 있다.

이와 같은 고령자의 고용문제가 효과적으로 해소되기 위해서는 정부의 적극적인 의지가 필요하다. 이를 위해 고령자고용알선체계를 일원화하고 인력을 전문화해야 한다. 이러한 정책방향을 갖고 접근한다고 하더라도 현재 우리나라 고령자의 고용문제를 해결하는 데는 상당한 시간이 소요될 수밖에 없는 어려움이 있다. 왜냐하면 기본적으로 일자리를 필요로 하는 고령자 수는 빠르게 늘어나는데 비해 노동시장을 통해 제공될 수 있는 일자리 수는 매우 제한적일 수밖에 없기 때문이다.

기존의 연구에 따르면 60세 이상 노인들 중 65.4%가 일자리를 원하는 것으로 나타났는데(박재간, 2000) 반해 실제 그 연령대의 경제활동 참가율은 38.2%(통계청, 2003)에 불과할 정도로 고령자 노동의 공급과 수요 간에는 커다란 간격이 가로막혀 있는 것이다. 이와 같이 고령자에 대한 고용수요가 부족한 상황에서 개별적인 노력에 의한 취업 알선 정도로는 고령자고용문제를 근원적으로 해소하기란 어렵다. 그러므로 고령자 고용을 위한 폭넓은 홍보와 정보 제공, 취업알선과 재취업을 위한 직업훈련을 적극 시행해 나가야 하고, 이에 더하여 고령자의 일자리 창출을 위한 연구·개발기능까지 포괄하는 전담기구가 절대적으로 필요한 시점이다.

특히 다양할 수밖에 없는 고령자 활동영역에 따라 고령자고용관련정책이 정부의 여러 부처(복지, 노동, 교육, 행자, 환경, 문광)별로 반영되고 예산이 확보될 수밖에 없다. 그러나 정책을 집행하는 기관을 단일화 한다면 일관성과 효율성을 살리는 방안이 될 수 있을 것이기 때문이다.

고령자인력 전담기구를 중앙기구로 하여 광역시·도별로 고령자인력관리 사무소 그리고 시·군·구 단위로 고령자사업단을 두어 중앙정부와 지방자치단체에서 결정된 정책을 고령자인력 전담기구와 하부기구에서 계약하여 집행한다면 사회적 일자리분야에 보다 많은 고령인력이 일할 수 있게 될 것이다. 따라서 본 연구는 고령자고용활성화를 위한 정책적 방안을 다음과 같이 제시하고자 한다.

1. 고령자 고용관련 법규 조정 및 통합

먼저 고령자 법규의 조정과 통합, 그리고 법규 적용의 일원화이다. 지금까지 고령자와 노인으로 양분된 법령을 수정·보완하여 고령자고용촉진법을 기준으로 단일화 하고, 취업알선과 교육·훈련도 통합하는 것이다. 우리나라는 일반적으로 기업의 정년이 55세를 전후하고 있기 때문에 고령자고용촉진법에서 규정한 55세 이상의 고령자와 대체적으로 일치 한다. 실질적으로 경제활동 영역에서 벗어난 대상을 고령자로 분류하고 고령자 고용과 관련된 법 적용을 일원화 하는 것이다. 노인복지법에서 65세로 규정하고 있는 노인의 연령 규정은 그대로 두고 각종 노인요양시설에 입소할 때 기준으로 적용하면 될 것이다.

그렇게 되면 고령자와 노인으로 양분되어 있는 취업알선센터의 운영도 단일화 하여, 같은 인력과 비용으로 운영의 효율성을 높일 수 있고, 취업알선업무를 확대할 수 있으며, 제3장에서 제시된 <표 3-22>에서와 같이 노동부에서 고령자취업알선센터로 운영을 통합하면, 고령자고용인력 관리를 비롯한 취업알선과 교육·훈련을 전담할 수 있고, 이에 소요되는 예산지원과 사후관리까지 고령자 취업 정책에 있어 노동부의 역할에 맞는 업무를 추진할 수 있게 될 것이다.

한편 보건복지부는 <표 3-21>에서와 같이 사회적 일자리 창출과 공공 영역에서의 일자리 창출을 강화해야 한다. 이를 위해 본 연구 3장 3절 장애인 관련제도에서 살펴본 바와 같이 장애인복지진흥회와 같은 기능을 수행할 수 있도록 법령을 보완해야 한다. 다시 말해서 보건복지부는 고용 이외의 노인복지 즉 건강이 좋지 않은 노인들의 복지를 위해 치매병원이나 노인전문병원 등의 설립과 운영 등에 더 많은 정책적 배려와 관심을 가져야 할 것이다.

또한 고용보험법에서는 300인 이상 사업장의 경우 고령자의 고용을 3/100으로 정해놓고 있으나 권고조항에 머무르고 있어 일반 기업은 물론이고 정부 투자기관에서 조차 이행하지 않고 있는 실정이다. 본 연구 3장 1절에서 살펴본바와 같이 일본의 경우, 고령자 고용을 의무조항으로 강력히 규제하고 있고, 고령자 취업에 대한 기업(고용주)의 입장을 나타내는 <표 3-23>의 조사에서 보는 바와 같이 현재 우리나라 기업들은 법적 강제력이 없어 고령자 고용을 기피하고 있다. 따라서 의무고용으로 법규정을 강화할 필요가 있다.

이와 함께 고령자의 재취업을 위한 기존의 교육·훈련기관의 활용이다. 고령사회나 초 고령사회에 대비하기위한 장기적인 측면에서는 별도의 고령자 전용교육기관의 필요성을 고려해야 하겠지만 현재의 여건 하에서는 노동부 산하의 기능대학이나 직업전문학교에 고령자 직업교육과정을 병설하여 운영한다면 추가적인 고령자교육·훈련기관을 별도로 운영하지 않아도 될 것이다. 이를 위해 고령자 고용촉진법에 고령자취업알선센터의 운영을 위한 법조항을 보완하고, 전문교육기관도 기존의 직업전문학교를 함께 이용할 수 있도록 보완할 필요가 있다. 법령을 조정·통합해야 할 내용을 요약하면 〈표 4-1〉과 같다.

〈표 4-1〉 고령자 고용관련 법규정 조정 및 통합

구 분	고령자고용촉진법	노인 복지법
소관부서	노 동 부	보건복지부
신설 내용	1. 기능대학 및 직업전문학교에 고령자 교육 과정을 병설	1. 고령자복지진흥회 신설
수정· 보완	1. 고령자취업알선센터로 통합운영 2. 고령자우선고용직종에 사회적 일자리를 포함하고 이를 연령별로 세분화 3. 고령자고용을 권고조항에서 의무조항으로	1. 노인고용관련 업무를 노동부로 이관 (알선/취업/인력운영/연구) 2. 비고용 복지 분야 추가
평 가	* 고령자고용정책의 일원화 / 일관성 / 효율성 유지 * 고령자 고용알선업무를 위한 기구의 효율적 운영 * 정부기관(행자부, 환경부, 교육부, 문광부 등)고령자관련사업의 정책반영 및 예산확보는 분리 획득하고 집행은 고령자인력관리공단에서 일원화	

2. 고령자 인력관리를 위한 전담기구 설립

현재 우리나라의 고령자 고용을 위한 가장 시급한 과제 중 하나가 고령자인력을 통합 관리할 수 있는 전담기구의 설립이라 할 수 있다. 고령자 취업률을 높이기 위한 정책을 보다 효율적으로 수행하기 위해서는 단순노무직종에 취업을 알선하는 수준으로는 현재는 물론이고, 머지않아 도래할 고령사회에 대한 준비로는 더더욱 미흡한 실정이다. 특히 취업을 원하는 고령자의 현황파악을 비롯한 원하는 직종을 선정하고 기업들이 원하는 수준에 맞는 교육·훈련 그리고 중앙과 지방을 연결하는 업무체계와 전달체계 등을 일원화 할 수 있는 전담기구가 필요하며, 이 전담기구는 고령자고용을 개선할 수 있는 다각적인 연구·개발기능도 포함되어야 한다.

이를 위해 55세 이상 고령자고용정책을 효과적으로 수행할 수 있는 고령자 인력활성화 위원회(가칭)를 설립하고 이 위원회로 하여금 고령자취업알선센터와 노인취업알선센터, 기타 고령자고용정보센터 등으로 분산되어 있는 취업알선업무를 통합하고 이를 고령자인력활성화 위원회의 하부기구로 편성하여야 한다. 고령자인력활성화 위원회에서는 55세 이상의 취업과 취업 후 사후관리, 고령자 직업훈련을 종합적으로 담당하도록 하는 것이 일관성과 효율성을 높일 수 있는 방안이 될 것이다.

외국사례를 비교 검토한 3장 2절에서 미국의 경우를 보더라도 노인청을 별도로 두어 노동부와 보건복지부 등에서 결정된 노인관련사업들을 일원화하여 운영하고 있다. 주단위의 노인복지사무소와 지역노인복지사무소로 체계화 하여 고령자의 고용과 관련한 집행기구로 자리 잡고 있음을 알 수 있고, 우리나라의 고령자취업알선 현장 실무자들의 견해와 같이 고령자취업정책의 문제점을 해결하기 위해서는 전담기구가 필요하다는 의견이 지배적임을 알 수 있다(<표 3-20>참조).

중앙기구로서의 고령자인력활성화위원회(가칭)는 업무의 영역이 보건복지부와 노동부 그리고 교육인적자원부와 행정자치부, 환경부, 문화관광부 심지어는 농림수산부까지 여러 부서와 관련되어 있어 어느 한 부서의 하부기구로는 고령자 인력관리와 관련 정책을 통합하기가 어려운 실정이다. 또한 세계 초유의 빠른 속도로 다가오는 고령사회에 효율적으로 대응하기 위해서는 고령자 인력관리의 강력한 추진력을 발휘해야 할 필요가 있기 때문에 이와 같은 요소들을 포괄하기 위해서는 대통령 직속기구로 운영하는 것이 효과적이라고 할 수 있다. 고령자인력활성화위원회는 대통령을 위원장으로 하고 해당 부서의 장관을 위원으로 노동부를 간사기구로 하여 운영한다면 우리나라 고령자고용활성화를 위한 발전의 기틀이 될 것이다.

고령자인력활성화위원회가 갖추어야 할 기능을 정리하면 다음과 같다. 부서의 기능을 크게 기획분야와 능력개발로 나누고 기획분야는 다시 고령자고용인력 관리를 비롯한 예산과 제도관리, 취업상담과 지사관리를 할 수 있는 기능을 갖추어야 한다. 세부적인 기능은 <그림 4-1>과 같다.

고령자인력활성화위원회를 중앙기구로 하고, 광역자치단체에는 ㅇㅇ광역 고령인력활성화관리사무소를 그리고 기초 자치단체 지역에는 ㅇㅇ지역 고령자인력활성화관리사무소를 운영하여 자치단체별 고령자고용 인력관리와 통계를 유지하고, 자치단체별 특화사업을 연구개발하며, 자치단체별 고령자 사업결정에 참여하는 등 중앙에서 부여하는 사업과 자치단체의 사업을 전개한다. 이와 함께 중앙과 광역시·도와 시·군·구 단위로 고령자사업단을 설립하여 고령자인력활성화위원회에서 결정된 사업을 계약하고 시행한다. 고령자인력관리의 운영주체별 기능 및 역할을 정리하면 <표 4-2>와 같다.

중앙기구로서 고령자인력활성화위원회가 설립되면 다음과 같은 제도적인 system을 갖추게 될 것이다.

첫째, 고령자고용인력 관리를 총괄할 수 있게 된다. 지금까지 분산되었던 취업상담과 알선업무를 net-work을 이용하여 전국적으로 통합하고, 교육과 훈련기관까지도 연계하여 고령자의 고용과 관련된 업무를 일관되게 추진할 수 가 있게 된다.

둘째, 고령자고용과 관련된 정책의 집행을 일원화 할 수 있다. 정책을 결정하고 예산을 확보하는 업무는 지금처럼 보건복지부와 노동부를 비롯한 행정자치부와 환경부, 문화관광부, 교육인적자원부 등으로 분산되어 추진되지만 고령자고용과 관련된 사업의 집행부터는 고령자인력활성화위원회로 일원화하여 집행할 수 있게 된다.

예를 들면, 고령자고용과 관련된 분야가 다양해 고령자의 일자리 중에서 교육강사형은 교육부에서 정책을 결정하고 예산을 확보하며, 문화재해설가는 문화 관광부에서, 주유원 파견이나 급식지도원은 보건복지부에서, 점포운영이나 창업 같은 시장참여형은 노동부에서 정책을 결정하고 사업예산을 확보하지만 집행은 고령자인력관리공단에서 일원화하여 집행하는 것이다. 또 정책부서의 정책반영과 예산확보를 위한 기초 자료를 제공하고 지방자치단체와도 지속적으로 관계를 유지할 수 있다.

셋째, 전달체계상에서도 중앙에는 고령자인력활성화위원회를 두고, 각 광역시·도에는 'ㅇㅇ광역시·도 고령자인력활성화위원회'를 그리고 시·군·구에는 'ㅇㅇ지역 고령자인력활성화위원회'를 설치해 자치단체별로 사업을 개발하고 집행할 수 있도록 연계하는 등 전국적인 사업집행을 관리할 수 있고, 조정할 수도 있으며, 사업 집행을 일원화 할 수 있게 된다.

넷째, 고령자인력활성화위원회는 법·제도의 개선과 예산의 소요를 건의하고, 취업알선센터를 net-work를 이용하여 통합 운영하여 일관성 있는 관리를 할 수 있다.

다섯째 미래적으로는 장애인고용촉진공단처럼 직업전문학교가 설립되어야 하겠지만, 경과조치기간에는 노동부 산하 교육기관인 기능대학이나 직업전문학교에 고령자 취업을 위한 교육과정을 병설하면, 고령자우선고용직종 중에서 몇 개월 동안의 실습을 통해 이루어지는 전문교육은 기능대학이나 직업전문학교를 이용할 수 있다.

여섯째 지금까지는 기업이 고령자를 선호하지 않으면 구체적인 대안이 없었지만 고령자고용과 관련한 고령자인력활성화위원회를 두어 구체적인 구인·구직 수준과 내용을 파악하여 취업알선을 할 수 있고, 취업 후 사후관리도 조직적으로 할 수 있게 된다.

일곱째, 장애인고용촉진공단 예하 고용개발원과 같이(<그림 3-3> 참조) 고령자인력관리공단 예하에도 고령자고용을 연구·개발하는 기구를 두어 고령사회에 대비한 고령자인력에 관한 고용개발을 체계적이고 효율적으로 추진해 나갈 수가 있다.

마지막으로 무엇보다 고령자인력활성화를 위한 정부정책을 강력하게 추진할 수 있게 될 것이다. 지금까지 재정적 뒷받침이 없는 프로그램(soft ware) 부문만 난립되어 있는 현재의 고령자고용관련 체계를 조직화 할 수 있을 것이다. 고령화 속도에 비해 늦은 감이 없지는 않으나 지금이라도 고령자인력활성화위원회를 운영하면 해결의 방안이 될 수 있을 것이다.

3. 실행기구로서의 고령자 사업단 전략화

중앙의 고령자인력활성화위원회와 함께 사업의 실천기구로서 광역시·도와 시·군·구에 고령자사업단을 설립하는 방안이다. 우리나라의 고령화 속도는 2004년 8월 현재 65세 이상 노인인구는 전체 인구의 8.7%(http://kosis.nso.go.kr)이며, 2019년이면 14%를 넘어서면서 고령사회로 전입할 전망이다. 다시 말해 고령화 사회에서 고령사회로 진입하는데 19년 정도 소요될 것이라는 예측이다. 이와 같은 고령화 속도는 지금까지 세계에서 가장 빨리 고령화가 된 일본의 25년보다도 더 빠른 세계 초유의 고령화 진전 속도라고 할 수 있다. 이처럼 빠른 고령화에 대응하기 위한 고령자 취업은 고령자에게 적합한 일자리를 늘려 나간다고 해도 고령자의 노동 욕구를 충족시키기에는 대처하는 속도와 일자리가 너무나 느리고 부족할 수밖에 없다.

<표 3-19>에서와 같이 고령자 취업에 있어서 실제로 노인들이 일을 할 수 있는 사업장이 부족한 것이 가장 큰 문제점으로 인식하고 있었다.

따라서 현재의 상황에서 가장 적극적이고 포괄적인 수용방법으로 고령자 사업단 추진을 전략화 하는 방안이다. 이를 보다 구체적으로 설명하면 본 연구 3장 2절 일본 동경도 시니어 워크 에서와 같이 광역시·도 및 시·군·구 단위로 고령자 사업단을 창설하여 자치단체내의 사업을 계약 추진하는 방안이다. 현재 경기도 부천시와 부천 시니어클럽 및 노인관련 단체 간 계약에 의해 시행하고 있는 '거리환경 개선사업'이 그 대표적인 사업 형태이다. 고령자사업단에서 추진할 수 있는 대표적인 사업으로는 자활사업, 공공근로사업 등 이른바 '사회적 일자리' 라고 할 수 있다.

경기도 부천시의 경우 현재 노인 100명이 거리환경 개선(70명) 및 가사 도우미(30명)로 취업 중이며, 월 평균 35만원의 수입을 갖고 있다. 이 사업은 2003년 부천시와 부천시 시니어클럽 및 노인관련 단체간 계약에 의해 실시되었으며, 2004년 지방비 예산 확보 및 시의회협조에 의해 사업이 계속될 예정이다(변재관, 2003).

또한 숲·생태해설사업의 경우 현재 5개 광역시 노인 300명이 활동 중이며, 월평균 40-60만원의 수입을 얻고 있다. 이 사업은 전국 지역사회시니어클럽 협회와 (주)교보생명의 계약에 의해 300명의 노인에 대한 교육·훈련 실시 및 유치원·초·중등학교를 대상으로 활동 중이다. 교육·훈련 예산은 민간단체에서 지원하며, 해설가 수당은 각 학교 및 일부 수익자 부담으로 운영되고 있다. (보건사회연구원, 2003).

이와 같은 고령자 사업단을 활성화시키기 위해서는 중앙정부는 물론이고 해당 지방 자치단체에서 적극적인 관심을 갖고 추진해야 하며, 각 지역 별로 특화시키는 업무는 지방자치단체가 그리고 이에 소요되는 예산은 중앙정부와 지방자체단체의 재정 자립도를 감안하여 지원하는 방안을 강구할 수 있을 것이다. 고령자 사업단에서 취급하는 직종은 노동부에서 고시한 고령자우선직종을 기준으로 하며, 고령자취업알선센터를 통하여 구직을 희망하는 고령자는 1차적으로 고령자사업단의 구인과 연결하여 일자리를 찾을 수 있게 하는 방안이다.

이 방안의 장점은 첫째, 고령자의 일자리를 해결할 수 있는 길이며, 둘째, 고령자들을 중심으로 사업단을 만들어 사회적 일자리를 통해 사회적으로 고령자를 인정하는 것이다. 셋째, 현재 노동부나 보건복지부에서 연구·개발하고 있는 고령자 우선고용직종을 수용할 수 있는 기구가 될 것이다. 넷째, 특히 현재 기업들이 선호하는 젊은 층들의 일자리와 중첩되지 않아 지속적으로 발전시켜 나갈 수 있고, 다섯째, 고령자의 능동적인 삶을 보장할 수 있는 방안이라고 할 수 있다.

그러나 고령자사업단 운영의 성패는 정부와 지방자치단체의 정책적 지원에 있다. 일본의 고령자고용프로그램 운영체계 <표 3-12>와 같이 자체예산으로 사업을 추진할 수 있는 재정능력이 확보될 때까지는 정부의 지원이 절대적으로 필요하다. 특히 지방자치단체별로 지역의 특성에 맞는 사업을 특화하여 고령자사업단으로 하여금 추진할 수 있도록 적극적인 지원이 이루어 져야 할 것이다. 고령자 사업단의 직종과 범위, 기존의 기구들과의 업무체계를 요약하면 <표 4-2>와 같다.

<표 4-2> 고령자 사업단 활동

구　분		내　용	비　고
사업 주체	명칭	* 'OO 지역 고령자 사업단'	* 자치단체별 사업 반영
	구성	* 법인 구성 사업자 등록 필	
	대상	* 자치단체별 55세 이상 고령자	
	조직도	* <표 4-6> 참조	
사업 단위		* 1. 자치단체별, 2. 광역시·도 별	
사업 내용		* 자치단체별로 특화된 사업 및 직종 개발	* 지역별 사업특화를 위해 중앙에서 조 정 가능
추진 방법		* 자치단체와 고령자 사업단과 계약 －모든 고령자의 고용은 사업단과계약 에 의해 고용	
업무 체계		* 고령자인력관리센터 및 광역시도단 위의 고령자인력관리사무소와 연계	
기대 효과		① 고령자 일자리 대량 확보 가능 ② 사회적으로 고령자 예우 ③ 고령자우선고용직종 실질적인 운영 ④ 고령자 개개인의 부당처우 예방 ⑤ 고령자 경제생활 보장	* 관련 기업들과 후 원 결연

제2절 고령자 고용 프로그램 측면

1. 고령자 우선 고용직종의 개선 및 통합

1) 고령자우선고용직종의 개선

현실과 장기적 측면의 대응이 가능한 고령자우선고용직종의 개선이 요구된다. 현재 개발된 직종은 모두 160개 직종으로 공공부문은 기술·기능분야, 경영·사무분야, 교육·문화분야, 의료·복지분야, 서비스·판매분야, 농림·어업분야, 단순노무분야 등에서 70개 직종이며, 민간부문은 기술·기능분야, 경영·사무분야, 교육·문화분야, 의료·복지분야, 서비스·판매분야, 농림·어업분야, 단순노무분야 등 90개 직종으로 구분 하고 있다. 그러나 통계에 의하면 현재 전문인력으로 활용이 가능한 전문인력의 수는 약 48만 명에 이르고 있다(한국보건사회연구원, 2000).

따라서 전문직종에 알맞은 직종의 다양화와 그에 적합한 교육시스템의 활용이 필요하다고 할 수 있다. 즉 고령자우선고용직종이 실제 고령자에게 적용될 수 있도록 한다면 그에 따라 구인처의 폭도 늘어나게 될 것이다. 현장 실무자들은 기업에서도 일자리를 창출하려는 노력이 필요하다는 목소리가 지배적이다<표 3-27> 참조.

또한 고령자우선고용직종을 전문·기술분야 등으로 다양화해야 한다. 현장에서는 첨단장비의 기술교육과 소규모 창업교육 등을 원하고 있으며<표 3-26>참조, 고령자의 취업욕구를 충족시킬 수 있는 전문교육이 요구된다. 이러한 교육시스템은 퇴직으로 인한 충격을 최소화하고 나아가 자신에게 적합한 직종을 선택할 수 있는 자원이 될 것이다. 또한 기업에서 요구하는 다양한 영역에서의 교육을 받을 수 있도록 하여 기업체에서 수요가 발생할 수 있도록 해야 한다. 그리고 가장 중요한 것은 충분한 교육을 이수 받은 고령자가 취업에 있어서 우선적으로 취업될 수 있도록 하여 그 실효성을 높여야 한다.

2) 고령자우선고용직종의 통합

위의 제도적 측면에서와 같이 현재는 노동부 고시로 고령자우선고용직종으로 160개 직종이 고시되어 있다. 이와 함께 보건복지부 산하 노인인력운영센터에서는 사회적 일자리라는 개념으로 공공참여형(11개 직종), 사회참여형(9개 직종), 시장참여형(9개 직종) 등 모두 29개 직종으로 대별하여, 세부적인 일자리를 분류하는 연구를 계속하고 있다. 2004년 노인일자리사업의 교육종합자료집을 발간하여 사업유형별 교육커리큘럼을 제시하고 직종 별 교육기간과 교육방법, 교육비 부담, 향후 진로방향, 세부교육내용 까지 제시하고 있다. 이들의 교육커리큘럼을 보면 공공참여형은 8시간 정도의 기본소양교육이며, 사회 참여형은 44시간에서 90시간 정도의 소양교육과 전문교육을 하고 있다. 또 시장 참여형은 20시간 내외의 교육을 하고 있다(노인인력운영센터, 2004).

그러나 이들은 노동부의 우선고용직종이나 보건복지부의 사회적 일자리 로 구분되어 있어 취업을 원하는 고령자 당사자들에게는 혼선을 야기 시키고 있다. 그런가하면 실제 이를 지원하는 고령자의 교육기관이나 교육·훈련으로 이어지는 알선과 취업에 대한 실적에 대한 분석 자료는 두 곳 모두 없는 실정이다. 따라서 우선고용직종과 사회적 일자리를 통합하여 교육매뉴얼을 만들어야 하고, 전담교육기관을 명시하여 입교와 교육비 지원 등도 보장이 되어야 하며, 교육한 후 취업으로 이어져 사후관리까지 책임질 수 있는 교육시스템으로 연구·보완되어야 할 것이다.

<표 4-3> 고령자 우선 고용직종의 재분류(사회적 일자리 통합)

구 분	단 기 교 육	전 문 교 육
55세- 64세 미만	① 단순노무직(31개 직종) 　음식료품가공, 창고관리, 검수, 경비, 공원관리, 주차관리, 건물관리, 세차, 환경미화, 배달, 화물접수, 계기검침, 전단배포, 주유원, 가스충전, 등 ② 의료복지분야(3개 직종) 　-간병인, 산후조리, 사회복지보조, 상담, 시설보육사, ③ 교육·문화분야(4개 직종) 　-사회교육강사, 기숙사사감, 도서정리, 기록관리, 문화재보존 ④ 서비스·판매(13개 직종) 　-관광/박물관/견학 등 시설안내, 등	① 기술·기능분야(6개 직종) 　-전기시설관리, 냉장기수리, 재단/재봉사 보일러수리, 건물보수, 전통건물건축, 도배, 배관, 미장, 생산관리, 품질관리, 주택관리, 기계설비 ② 경영·사무분야(10개 직종) 　-인사노무관리, 경영컨설턴트, 법률 및 회계, 사무보조, 설문조사, 컴퓨터자료입력, 우편물 접수, 교통량 조사, 지가조사 ③ 농림·어업분야(3개 직종) 　조경관리원, 식물재배원
65세 이상	① 공공참여형(11개 직종) 　-자연환경정비, 교통질서지도, 방범순찰, 행정기관 보조, 거리환경개선, 취약계층 지원 　-공원관리, 매표, 화장실청소, 주차관리 ② 사회참여형(9개 직종) 　-숲생태 및, 문화재해설, 　-교육강사파견, 　-간병인, 가사도우미, 급식지도, 주차, 운전, 판매, 주유원, 포장, 상표부착, 제품단순조립, ③ 시장참여형(9개 직종) 　-지하철 택배, 도시락사업, 세탁방, 　-재활용품점, 번역/통역, 　-실버용품 샵 운영	① 전문·기능·기술 분야 　-가잔제품 수리원 　-전기 및 전자장비 조립원 ② 경영·금융·사무 분야 　-부동산 대리인, 분양 및 임대 　사무컴퓨터자료입력, 인사노무관리 ③ 서비스 분야 　-호텔지배인 　-창업지원 컨설턴트,

자료: 고령자우선고용직종과 사회적 일자리를 통합하여 재구성

2. 고령자 취업알선 체계의 일원화

고령자 고용촉진법에서의 고령자와 노인복지법에서의 노인의 개념규정이 다르고, 각종 사업 추진이나 예산지원도 달라 실제적으로 고령자나 노인이 원하는 취업이라는 목표는 같은데 제도적으로 양분되어 운영 면에서 양쪽 모두가 인원이나 재정의 열악함을 면치 못하고 있는 실정이다.

현재 노인취업알선센터는 대한노인회가 보건복지부로부터 위탁받아 전국 253개의 지회 가운데 70개 지역을 선정하여 노인취업알선센터를 운영하고 있지만 취업알선 전담직원은 1명 근무(94.6%), 2명 근무(3.6%), 로 대부분이 직원 한명이 업무를 전담하고 있는 실정이다. 서울시가 운영하고 있는 고령자취업알선센터는 서울시 전역에 14개소를 운영하고 있으나 이 곳 역시 2명의 전담직원에 의해 운영되고 있어 실제적인 취업알선 업무는 이원화 되었고, 운영실태는 열악하며, 재정지원이나 감독체계도 많은 문제점을 안고 있다. <표 3-24>에서와 같이 고령자 취업프로그램의 문제점으로 일원화된 교육 부재, 사후관리 부재 등을 문제점으로 지적하고 있다. 이는 분산 운영에서 오는 열악한 환경에 기인한 것이라고 할 수 있다. 더욱이나 취업을 원하는 고령자 당사자들조차 취업알선센터가 어디에 있는지 조차 모를 정도로 홍보의 취약점을 안고 있다.

이밖에도 노동부가 고령자고용촉진법에 의해 1993년도부터 시작한 고령자 인재은행은 2004년 현재 전국에 36개소가 설치되어 운영되면서, 광역시도 및 지방 노동관서 직업알선 창구와 연계하여 55세-70세의 고령자와 경로당에서 취업신청이 많은 70-80세의 노인 연령층을 대상으로 구분하여 구인·구직 등록, 직업지도, 취업알선과 취업희망 고령자에 대한 취업상담 및 정년퇴직자의 재취업상담업무를 담당하고 있다. 알선하고 있는 주요업종은 주차, 주유원,

아기 돌보기 등이며, 취업한 근로자들의 근무기간은 6개월에서 1년이 약 70%로 대부분을 차지하고 있다(노동부, 2003). 이들의 공통된 문제점은 규모와 운영의 열악성 그리고 홍보의 부족으로 실질적인 취업알선 실적은 미약하다는 점이다. <표 3-21>에서와 같이 '고령자 취업 관련 기관 및 센터 통합 운영'을 원하고 있음을 알 수 있다. 이와 같이 분산 운영되고 있는 취업알선기구를 고령자취업알선센터로 일원화 하여 운영할 경우 다음과 같은 장점이 있다.

(1) 서비스 체계의 부처간 유기적 연계이다. 노동부와 보건복지부, 지자체에 고령자취업 서비스 대상자를 일원화하고 그 관리방안에 대한 협력이 유기적으로 이루어 질 수 있는 체계로 전환해야 한다. 즉 구직자와 구인처의 정보를 공유하면서 특성에 따라 유기적으로 연계할 수 있는 체계가 필요한 것이다. 연령이나 특성에 대응한 전문적인 상담이나 교육 등에 상호 연계가 될 수 있도록 하는 노력이 필요하다.

(2) 전문 인력에 의한 운영체계로의 전환이다. 고령자의 특성과 성향 및 욕구를 충분히 숙지한 경력 있는 전문가가 본 사업에 참여할 수 있도록 현실적인 급여체계와 운영비의 지원이 되어야 한다. <표 3-18>에서 보는바와 같이 고령자취업정책의 문제점으로 고령자취업을 담당할 전문인력의 부재를 지적하고 있다.

즉 취업알선업무는 기업과 고용주의 요구와 실정을 정확히 파악해야 하고, 구직자의 재능과 건강상태 그리고 개인적 특성을 고려해야 하며, 취업이 된 이후에도 지속적인 사후관리가 이루어 져야 한다는 측면에서 인력의 전문화는 고령자 취업의 성패를 좌우한다고 할 수 있다. 현재는 고령자 취업알선담당자의 보수가 적어 취업담당자가 자주 바뀌고 계약직으로 자신의 위치부터가 불안한 상태다. 무엇보다 고령자취업알선센터의 담당직원을 보다 전문화하고 고용을 안정화 시킬 필요가 있다.

(3) 서비스 강화와 일원화 운영이다. 고령자취업알선센터나 노인 취업알선센터, 인재은행을 통한 취업상담과 실적이 부진하고 고용주도 구직정보를 다른 곳에서 더 많이 얻은 것은 분명히 공공취업알선기관을 잘 모르고 있고, 제공하는 정보가 정확하지 못하거나 취업신청고령자에 대한 보장이 제대로 되어있지 못하기 때문이다. <표 3-28>에서와 같이 고령자취업활성화를 위해서는 고령자취업을 전담할 수 있는 단일화 된 기관이 설치되어야 한다는 의견이다. 따라서 질 높은 서비스를 강화하기 위해서는 보다 유용하고 확실한 정보와 통계를 제공할 수 있어야 하고 이용자들에게 신뢰감을 주기 위해서는 취업알선기관의 일원화가 되어야 한다.

이를 위해 먼저 고령자와 노인 등으로 분산되어 있는 취업알선기구를 고령자취업알선센터로 통합하여 일원화하고, 담당인력을 늘려 구인담당과 구직담당으로 업무를 세분화해야 하며, 구인을 위한 정보를 인터넷 홈페이지 등에 올려 구직자들이 쉽게 접근할 수 있어야 한다. 접근용이성을 위해 중앙기관에서는 텔레비전 등을 통한 홍보도 병행되어야 하고 지역별로는 인터넷 홈페이지 등으로 구체적인 구직 구인처 접근이 용이해야 한다. 예를 들면 동사무소 등에서도 고령자 취업알선업무를 제공해야 하며 정보망 구축이 활성화되는 사회에서 지역주민에 대한 실질적인 행정서비스가 이루어 질 수 있도록 모든 연결망 즉 전화, 팩스, 인터넷 등이 제공될 수 있는 거점으로도 이용될 수 있어야 한다.

3. 고령자 취업을 위한 직업훈련

노인인력운영센터에서 노인복지법을 근거하여 노인들을 위해 만든 소위 사회적 일자리는 ① 공공참여형(11개 직종), ② 사회참여형(9개 직종), ③ 시장참여형(9개 직종)으로 대별하여, 세부적인 일자리를 분류하는 연구를 계속하고 있다. 2004년 노인일자리사업의 교육종합자료집에서 제시한 사업유형별 교육커리큘럼에 따르면 ① 공공참여형, ② 사회참여형, ③ 시장참여형형의 교육기간과 교육방법, 교육비 부담, 향후 진로방향, 세부교육내용을 제시하고 있다. 이들의 교육커리큘럼을 보면 ① 공공참여형은 8시간 정도의 기본 소양교육이며, ② 사회참여형은 44시간에서 20시간에서 90시간 정도의 소양교육과 전문교육을 하고 있다. 또 시장 참여형은 20시간 내외의 교육을 하고 있다(노인인력운영센터, 2004).

노인복지법에 근거한 노인인력운영센터의 교육은 주로 단순 노무직과 서비스 직종이 대부분으로 교육시간도 8시간에서 90시간 이내의 짧은 교육이어서 보다 전문적인 기술직과 기능직에 관한 교육은 이루어지지 않고 있으며, 교육 매뉴얼 또한 기준을 제시하는 정도이다.

한편 노동부에서는 고령자고용우선직종 160개(공공부문: 70개, 민간부문: 90개)를 지정하였다. 먼저 공공분야는 ① 기술·기능분야(6개 직종), ② 경영·사무분야(10개 직종), ③ 교육·문화분야(4개 직종), ④ 의료·복지분야(3개 직종), ⑤ 서비스·판매분야(13개 직종), ⑥ 농림·어업분야(3개 직종), ⑦ 단순노무분야(31개 직종) 등 70개 직종으로 구분하였고, 민간부분은 ① 기술·기능분야(19개 직종), ② 경영·사무분야(16개 직종), ③ 교육·문화분야(6개 직종), ④ 의료·복지분야(5개 직종), ⑤ 서비스·판매분야(19개 직종), ⑥ 농림·어업분야(3개 직종), ⑦ 단순노무분야(22개 직종) 등 90개 직종으로 구분 하고 있다.

그러나 노동부 또한 우선고용직종을 구분하고 있지만 실제 이를 지원하는 고령자의 교육을 위한 교육기관이나 교육 매뉴얼에 대해서는 언급하지 않고 있다. 이는 가드라인을 제시하는 수준으로 실제 교육·훈련으로 이어지는 알선과 효과에 대한 분석 자료는 없는 실정이다.

　이에 따라 고령자 고용촉진법에 근거한 고령자 우선고용직종(160개)과 노인복지법에 근거한 사회적 일자리(39개) 등이 지정되어 있으나 대부분 단순노무직으로 1주에서 2주 정도의 교육을 하도록 교육 매뉴얼이 준비되어 있다(노인인력운영센터, 2004). 그러나 보다 전문적인 직종을 원하는 고령자들은 적합한 직종이 고시되어 있지 않을 뿐만 아니라 교육·훈련을 위한 기관도 없는 실정이다.

　따라서 고령자 우선고용직종을 전문적인 직종까지 넓히고 이를 위한 교육과 훈련을 담당해야 한다. 본 연구 3장 3절에서 제시한 장애인고용을 위해서 장애인고용촉진공단 산하에 직업전문학교(전국에 5개)를 운영하여 장애인취업을 위한 전문교육을 하고 있는 것처럼, 고령자 재취업을 위해서도 전문교육기관이 필요하다. <표 3-24>에서와 같이 고령자취업교육의 문제점으로 실질적인 교육의 부재, 일원화된 교육 훈련 창구의 부재 등을 지적하고 있다. <표 3-25>의 고령자취업교육의 나갈 방향에서와 같이 구체적이고 실효성 있는 기술교육을 원하고 있음을 알 수 있다.

　고령자취업을 위해서도 궁극적으로는 고령자우선고용직종에 맞는 교육기관을 설립해야 할 것이다. 다만 고령자취업을 위한 전문교육기관이 설립되기 전까지는 노동부 산하의 기능대학이나 직업전문학교에 고령자를 위한 과정을 개설하여 고령자에 필요한 전문교육을 하는 방안도 강구할 수 있을 것이다.

4. 고령자고용 관련 정보공유 및 홍보강화

현재 우리나라의 인터넷 이용 율은 (51.5%)로 미국(53.9%)에 이어 세계 2위의 인터넷 강국이다[14]. 그런데도 고령자의 취업관련 정보가 공유되지 않고 있는 실정이다. 3장 1절의 통계조사에서도 나타나듯이 기본적으로 고령자 취업이 어려운 점과 함께 취업 당사자(고령자)들은 취업정보의 접근이 용이하지 않음으로 인해서 서비스를 못 받고 있다. <표 3-26>에서와 같이 우선적으로 시행해야할 교육 분야로 컴퓨터 활용교육을 원하고 있다. 빠르게 발전하고 있는 인터넷 문화를 수용할 수 있어야 하며, 고령자들도 이를 원하고 있음을 알 수 있다.

이와 함께 노동부나 복지부 또는 통계청의 홈페이지를 찾아 볼 수 있고, 지역별 노인복지관이나 종합사회복지관의 홈페이지를 이용하고 싶어도 고령자의 취업과 관련해 구인·구직 그리고 알선과 취업을 위한 전반적인 자료를 한눈에 볼 수 있는 고령자 고용관련 종합 홈페이지는 아직 개설되어 있지 않고 있다.

그러나 고령자인력관리공단이 설립되면 홈페이지를 개설하여 고령자공과 관련한 각종 정보를 언제든지 손쉽게 찾아볼 수 있고 전국의 고령자고용관련 기구들 간에도 net-work을 통해 자료를 주고받을 수 있도록 할 수 있을 것이다.

이와 함께 사회적 일자리란 사회적으로 유용하지만 수익성 때문에 시장에서 공급되지 못하는 일자리를 의미하며, 일자리 창출의

---

14) 우리나라의 인터넷 보급률은 2003년 말 현재 51.5%로서 미국 53.9%에 이어 세계 2위이다. 3위는 홍콩 39.3%, 4위는 일본 37.8%, 5위는 대만 35.1%, 6위는 싱가포르 29.9% 순이다. 정보통신부와 한국인터넷정보센터(KRNIC)가 전국 7,117가구, 2만 227명을 대상으로 2004년 6월 실시한 정보화 실태 조사 결과, 국내 인터넷 총 사용인구는 2,861만 명으로 전체의 64.1%를 차지하고 있다. (http://kin.search.naver.com).

목적은 실업자, 노인, 여성, 장애인 등 사회적 배제집단의 취업촉진에 있으며, 그런 의미에서 '복지와 고용의 중간영역' 또는 사회적 고용이라고도 한다(변재관, 2004). 이러한 사회적 일자리는 기본적으로 보건복지부에서 정책이 입안되고 노인취업알선센터에 의해 노인일자리사업으로 연구 발전되고 있다.

현재의 수준은 노인인력운영센터에서 노인일자리를 위한 사회적 일자리의 교육 종합자료집과 노인일자리사업 매뉴얼(노인인력운영센터, 2004) 등이 책자 화되어 보급되고 있으며, 이에 따라 노인취업알선센터를 통해 알선되고 있다. 그러나 이러한 사회적 일자리는 널리 알려지지 않고 있다. TV에는 수많은 상품들이 고객들에게 홍보되고 있으면서도 정작 우리사회의 문제가 되고 있는 노인들의 사회적 일자리에 대해서는 일부 학자들 간에 용어가 정의되어 사용되고 있는 정도이고 일반인들에게는 용어 자체도 생소할 뿐만 아니라 취업 당사자인 노인들에게도 잘 알려지지 않고 있는 실정이다.

따라서 고령자고용과 관련한 전반적인 홍보 전략이 정책적 지원으로 이루어 져야 할 것이다. <표 3-27>에서와 같이 고령자 취업 활성화를 위한 장기적 방안에서도 고령자 취업에 대한 사회적 인식의 전환이 가장 높게 나타났다. 이는 고령자 고용과 관련한 사회적 인식의 긍정적 전환이 요구된다는 것이다. 고령자인력관리공단이 설립되면 고령사회의 도래와 우리의 대응전략을 TV와 라디오 등을 통해 다양한 홍보 전략을 전개하고, 고령자인력관리공단을 비롯한 지방자치단체의 고령자인력관리사무소, 그리고 직업전문학교 등이 바로 연계될 수 있도록 홍보되어야 할 것이다.

제3절 고령자 고용활성화를 위한 모형

1. 중앙기구로서의 고령자 인력관리 전담기구(안)

고령자인력활성화위원회의 구성은 정부위원(10명 내외)과 민간위원(10명 내외)로 하고 자문위원회와 전문위원회를 두어 고령자인력활성화를 연구하게 한다. 실무를 추진하기 위해 대통령 비서실 담당비서관을 포함한 기획조정실을 두어 기획위원회와 능력개발위원회의 업무추진을 조정할 수 있도록 편성한다.

고령자인력활성화위원회의 부서별 세부기능은 다음과 같다.

첫째, 기획관리국은 전국적으로 취업을 희망하는 고령자를 파악하고 알선센터 운영을 통제하며, 연간 소요되는 사업과 예산소요를 반영하고 획득하며, 고령자고용관련 법령과 제도를 반영한다.

<그림 4-1> 고령자 인력관리 전담기구

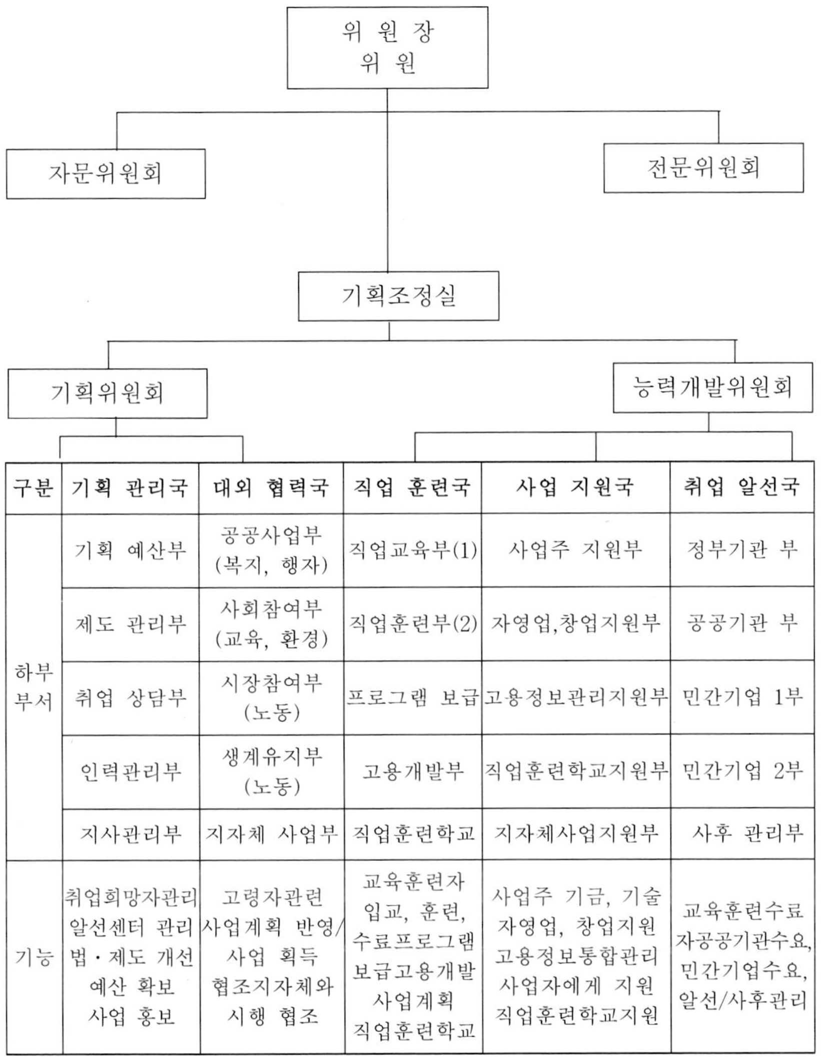

구분	기획 관리국	대외 협력국	직업 훈련국	사업 지원국	취업 알선국
하부 부서	기획 예산부	공공사업부 (복지, 행자)	직업교육부(1)	사업주 지원부	정부기관 부
	제도 관리부	사회참여부 (교육, 환경)	직업훈련부(2)	자영업,창업지원부	공공기관 부
	취업 상담부	시장참여부 (노동)	프로그램 보급	고용정보관리지원부	민간기업 1부
	인력관리부	생계유지부 (노동)	고용개발부	직업훈련학교지원부	민간기업 2부
	지사관리부	지자체 사업부	직업훈련학교	지자체사업지원부	사후 관리부
기능	취업희망자관리 알선센터 관리 법·제도 개선 예산 확보 사업 홍보	고령자관련 사업계획 반영/ 사업 획득 협조지자체와 시행 협조	교육훈련자 입교, 훈련, 수료프로그램 보급고용개발 사업계획 직업훈련학교	사업주 기금, 기술 자영업, 창업지원 고용정보통합관리 사업자에게 지원 직업훈련학교지원	교육훈련수료 자공공기관수요, 민간기업수요, 알선/사후관리

둘째, 대외협력국은 보건복지부와 노동부를 비롯한 행정자치부, 교육인적자원부, 문화관광부, 환경부 등 고령자고용과 관련된 정책부서에 고령자고용관련사업을 반영하고 결정된 사업의 예산을 확보하여, 광역자치단체에 사업을 배정하고 예산을 지원하는 등 고령자고용관련사업의 시행을 협조·지원한다.

셋째, 직업훈련국은 노인복지관 등에서 실시하는 단순노무직 교육기관을 지정하고, 교육프로그램 보급과 교육감독, 그리고 기능대학이나 직업전문학교 고령자훈련과정의 설치와 교육프로그램을 협조한다.

넷째, 사업지원국은 고령자고용기업과 고용주를 지원하고, 자영업과 창업 고령자를 지원한다. 또 지방자치단체에서 벌이는 특화사업과 고령자사업단의 사업을 지원한다.

다섯째, 취업알선국은 정부기관과 정부투자기관을 비롯한 공공기관 그리고 민간기업 등에 고령자고용을 알선하고 연계하며, 사후관리를 한다. 이 밖에도 공단의 하부기관으로 시·군·구별로 고령자취업알선센터를 운영하고, 직업전문학교에 고령자 훈련과정을 설치하며, 고용개발원을 두어 고령자고용정책과 제도 연구, 고령자노동시장 연구, 직업능력 및 프로그램 개발, 자영업 및 창업방안, 사업주 지원방안 등을 연구한다.

2. 실천기구로서의 고령자 사업단

<그림 4-2> 고령자 사업단 조직도

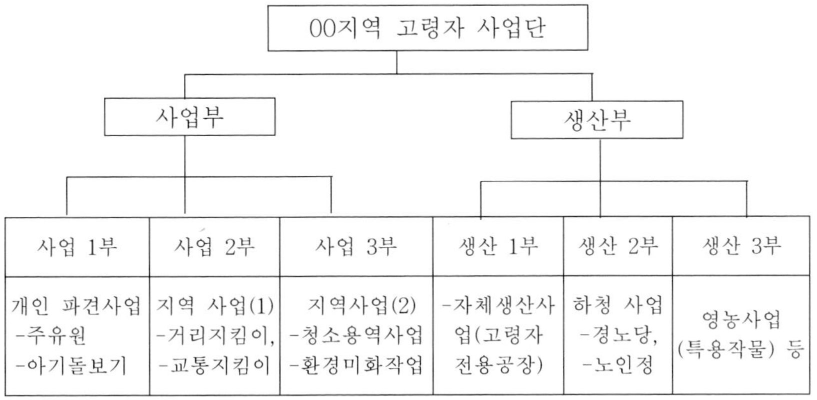

* 지역사업(1)= 계약은 사업단에서, 시행은 소조단위 지정 장소에서 조 편성 교대근무
* 지역사업(2)= 사업단에서 계약, 단체작업, 청소용역, 환경미화 등
* 하청사업은 사업단에서 계약, 시행은 경노당, 노인정 등에서 분담실시 가능

<그림 4-2>에서 보는 바와 같이 고령자사업단의 조직은 크게 사업부와 생산부로 나누어서 사업 1부에서는 주유원이나 아기 돌보기 등 과 같은 개인별 파견사업으로 지금까지는 취업알선센터에서 알선해 주고 개인별 계약에 의해 시행되었으나 고령자사업단의 경우 사업단에서 계약하여 고령자들의 불리한 계약을 방지할 수 있다. 사업 2부는 소규모 지역사업으로 거리지킴이나 교통지킴이, 사무보조원 등 공공기관에서 추진하는 사업을 고령자사업단에서 계약하여 사업단에서는 역할을 수행할 수 있는 인원을 편성하여 계약기간동안 교대근무로 임무를 수행할 수 있도록 하는 방안이다. 사업 3부에서는 지역 환경과 지역 청소 등 동일한 업무에 많은 인원이 지속적으로 반복되는 사업을 담당하는 사업을 추진하는 것이다.

한편 생산부는 1, 2, 3부로 나누어 생산1부에서는 자체 생산공장을 가동하여 상품을 생산·판매하며, 생산2부는 지역 내의 기업과 연계하여 하청을 받아 부품을 생산하는 방식이다. 특히 생산2부는 제품을 만드는데 특별한 장소가 아니어도 가능한 분야의 일거리를 주문받아 지역내 노인정이나 경로당의 고령자들에게 일거리를 나누어 주고 제품을 회수하는 방법으로 기존의 공동작업장 개념으로 운영할 수 있다.

생산3부는 주로 농촌지역에 해당하는 분야로 지역별 특화된 영농작물을 재배하고 생산해 농협 등을 통해 판매하여 고령자들의 수익을 보장하는 분야이다. 초기에 투자되는 사업예산은 해당지역 고령자사업단과 자치단체가 계약을 통해 선급으로 자금을 지원하고 생산 후에는 일정한 판로를 보장해 주는 방안이다. 이와 같은 고령자사업단 운영제도는 지금까지 시행하여 왔던 공동작업장과 비슷한 system이지만 자치단체별로 전체적으로 사업을 추진할 수 있도록 조직화하여 대응한다는 것이다. 지금까지 설명한 고령자인력활성화위원회를 중심으로 한 주체별 업무 및 전달체계는 〈그림 4-3〉, 〈그림 4-4〉, 〈그림 4-5〉와 같으며, 종합적인 업무 및 전달체계는 〈그림 4-6〉과 같다.

<그림 4-3> 정부차원의 업무 및 전달체계

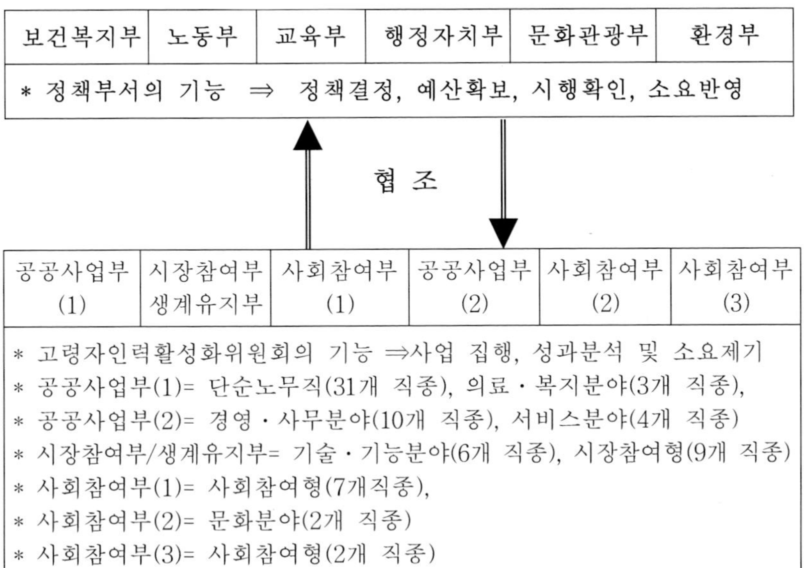

<그림 4-4> 광역시·도와 고령자인력활성화위원회의
업무 및 전달체계

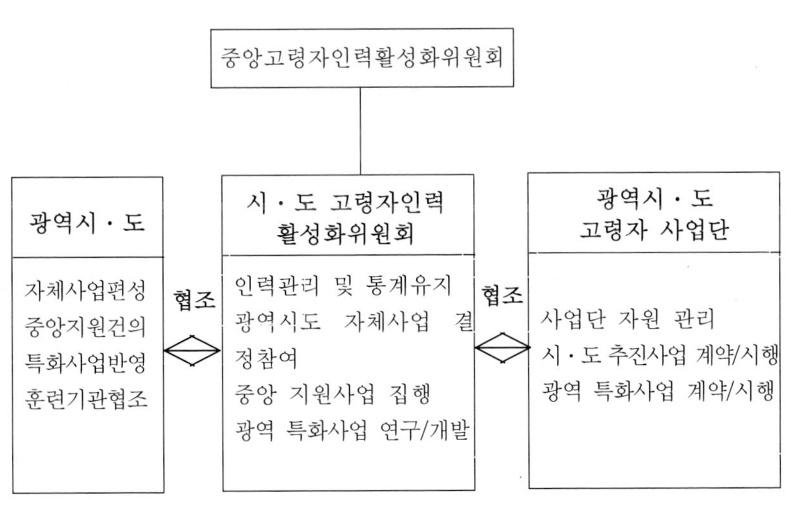

그림 <4-5> 시·군 구·와 지역고령자인력활성화위원회의
업무 및 전달체계

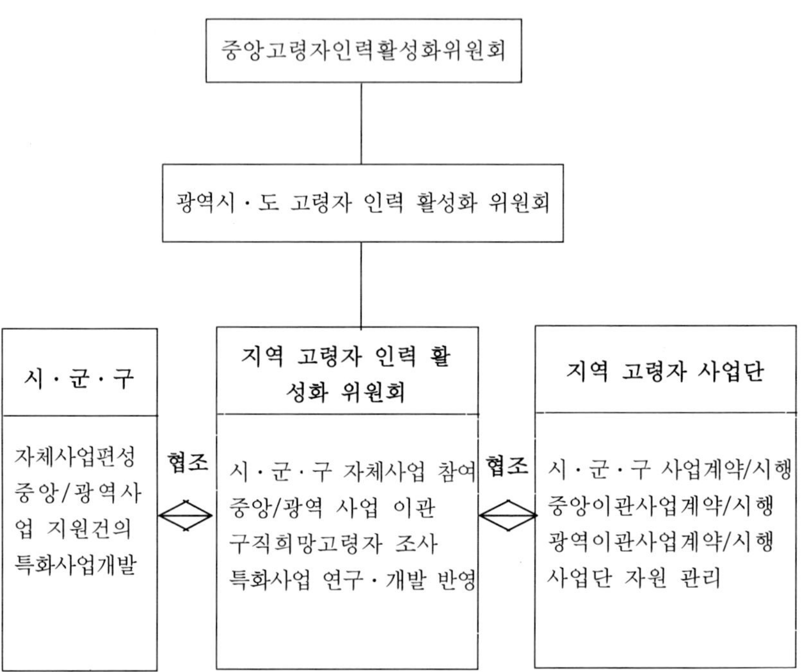

　고령자인력활성화위원회를 중심으로 한 각 주체별 업무 및 전달 체계를 구체적으로 살펴보면 다음과 같다.

　먼저 정책을 결정하고 예산을 확보하는 업무는 보건복지부와 노동부를 비롯한 교육인적자원부, 행정자치부, 환경부, 문화관광부 등 중앙부서에서 담당하고 결정된 사업과 확보된 예산의 집행은 고령자인력활성화위원회가 광역시·도와 협조하여 집행한다.

　광역시·도 고령자인력활성화위원회 및 고령자사업단은 시행기구로서 중앙에서 결정된 사업과 자치단체에서 결정된 사업을 집행하고 사업의 결과를 해당 정책부서에 보고하며, 차기년도 계속사업 신규사업에 반영할 사항을 해당 중앙부서에 건의한다. 특히 사업집

행을 위해 광역시·도 에 고령자인력활성화위원회와 광역시·도 고
령자사업단 그리고 시·군·구에는 시·군·구 고령자인력활성화위
원회와 지역 고령자사업단을 설치해 고령자고용업무를 전담한다.

<그림 4-6> 주체별 업무 및 전달체계(통합)

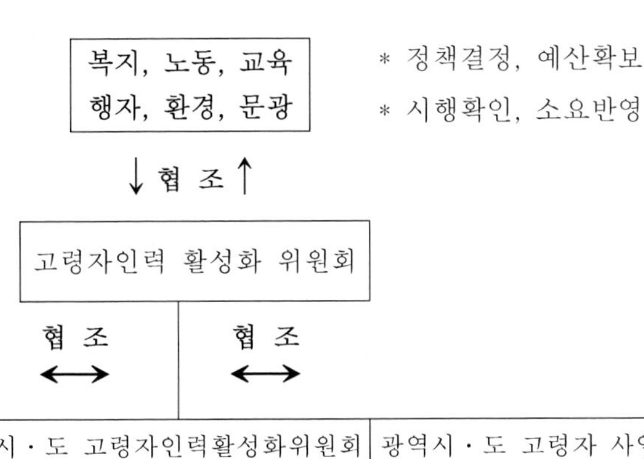

광역시·도	시·도 고령자인력활성화위원회	광역시·도 고령자 사업단
* 자체사업편성 * 중앙지원건의 * 특화사업반영 * 훈련기관협조	* 인력관리 및 통계유지 * 광역시도 자체사업 결정 참여 * 중앙 지원사업 집행 * 광역 특화사업 연구/개발/홍보	* 사업단 자원관리 * 시·도 추진사업 계약/시행 * 중앙 지원사업 계약/시행 * 광역 특화사업 계약/시행

시·군·구	지역 고령자인력활성화위원회	지역 고령자 사업단
* 자체사업편성 * 중앙/광역사업 　지원 건의 * 특화사업개발	* 시·군·구 자체사업 참여 * 중앙/광역 이관사업집행 * 구직희망고령자 직종/인원조사 * 특화사업 연구·개발 반영	* 시·군·구 추진사업계 　약/시행 * 중앙/광역지원사업 계약/시행 * 자체 특화사업 계약/시행 * 사업단 자원관리

이와 함께 고령자인력활성화위원회는 전국의 고령자취업알선센터
의 운영을 감독하고, 고령자고용의 필요성과 당위성을 홍보한다. 또

고급기술을 습득하기 위해 전문기술교육을 희망하는 고령자를 위해 노동부 산하 기능대학과 직업전문학교에 고령자과정을 병설하여 교육할 수 있도록 관계기관과 협조한다.

또한 광역자치단체별로 특화된 분야에 필요한 교육을 하기위해서는 광역자치단체장과 협의하거나 산업체와 협력하여 기술지원과 함께 고령자직업훈련과정을 위탁운영 할 수 있으며, 고령자고용활성화를 위해 고령자고용개발원을 운영하여 고령자고용 활성화를 위한 연구·개발기능을 감독한다.

현재 우리나라 고령자고용활성화를 위해 가장 필요한 분야가 바로 중앙 고령자인력활성화위원회의 설치와 자치단체별 시행기구의 설립이다. 우리나라는 지난 40여 년 동안 오로지 경제발전에 치중하여 국가를 운영해 왔다. 그 결과 빠른 경제성장에 따라 그때그때 필요한 관련법규를 도입하여 시행하였다. 고용과 복지관련 법들도 예외는 아니어서 1981년 노인복지법을 비롯한 1992년 고령자고용촉진법 등이 시차적으로 도입되어 유사법과의 관계나, 종합적이고 거시적인 정책적 접근 보다는 분야별 세부적인 프로그램측면에서 산발적으로 운용되면서 지금은 이원화 되거나 중첩되는가 하면 누락된 부분이 노출되고 있다.

무엇보다도 시급한 과제는 충분히 성숙되지 못한 상태에서 시행된 잘못된 정책과 프로그램들의 문제점을 인정하면서도 이해관계 때문에 바른 선택을 하지 못한 체계를 바로잡는 것이다. 정책부서에서는 이를 시정하거나 수정하려는 움직임 보다는 그대로 방치한 체 시행 가능한 부분만을 추진해 나가려 하고 있다.

이와 함께 그동안 부분적으로 발전해온 프로그램들이 여기저기에 흩어져 있어, 실효를 거두지 못하고 있다. 이제 이와 같은 소프트웨어적인 프로그램들을 고령자인력활성화위원회로 수용하여 일원화하는 작업을 해야 할 때가 된 것이다.

고령화 속도에 비하면 늦은 감이 없지 않으나 지금이라도 고령자인력활성화위원회를 설립하고 신속하게 조직적으로 대응한다면 다가올 고령사회에 대비한 도약의 발판이 될 수 있을 것이다.

3. 고령자인력활성화위원회와 노인인력운영센터의 비교

지금까지 살펴본 고령자인력활성화위원회와 현재 보건복지부가 국민연금관리공단의 하부기구로 운영하고 있는 노인인력운영센터와 기능 및 운영 그리고 광역자치단체를 비롯한 유관기관과의 업무 및 전달체계상 차이점을 비교하면 <표 4-4>과 같다.

<표 4-4>에서 보는바와 같이 노인인력운영센터의 문제점은 다음과 같다.

첫째 노인인력운영센터는 고령자고용관련 중앙부서로서의 역할을 감당하기에 부적합하다. 보건복지부 산하 국민연금관리공단의 하위기구로 편제되어 있어 노인인력운영센터가 고령자고용관련 중앙기구의 역할을 할 경우 광역자치단체와의 업무수행과 전달체계가 적절하지 못하다.

또한 노인인력운영센터는 전국적인 조직체계를 갖추기 위한 하위기구가 없어 노인인력운영센터를 운영한다고 하더라도 광역시·도와 시·군·구 단위의 시행기구가 없어 실질적인 고령자고용문제가 개선되기를 기대하기가 어렵다.

특히 부천시에서와 같이 정책적 지원사업을 주관할 수 있는 기구가 없어 고령자고용을 위한 대규모의 사업을 계획하거나 추진하기에는 조직 장악력이 미약하다. 또한 노인인력 수급동향을 파악한다고 하지만 하위기구가 없는 상태에서 늘어나는 취업희망노인을 파악할 수 있는 조직으로는 역량이 부족하고 다가오는 고령사회를 고려한다면 더더욱 미흡한 기구임을 알 수 있다.

둘째 노인인력운영센터가 보건복지부 산하의 국민연금관리공단의 하부기구로 편제되어 있어 노동부를 비롯한 교육인적자원부, 행정자치부, 문화관광부, 환경부 등의 고령자고용관련 사업을 통합하여 집행하기에는 조직 체계상 어려움을 내포하고 있다.

셋째 현재의 국민연금관리공단의 하부기구로 편제되어 있는 상황에서는 광역 자치단체의 사업을 조정하거나 협조하기에도 적절하지 못한 문제점을 안고 있다.

무엇보다도 노인인력운영센터로는 현재 고령자취업알선센터, 노인취업알선센터, 고령자인력은행, 고급인력정보센터, CSC 등으로 고령자취업알선기능이 분산되어 있는 취업알선기구들을 통합할 수 없어 단일화의 문제점을 해소할 수 가 없다.

넷째 노인인력운영센터로는 재정적인 한계가 있다. 조직을 강화하기 위해서는 기본적으로 인력과 예산이 뒷받침 되어야 하는데 고령자고용을 위한 system을 갖추고 운영하며, 사업을 추진하기에는 제한될 수밖에 없다는 점이다.

그러나 이와 같은 노인인력운영센터의 운영상의 문제점을 고령자인력활성화위원회를 설립하여 운영할 경우 모든 문제점을 해결할 수 있다. 운영기구들을 통합하여 일원화 할 수 있으며, 강력한 조직력으로 효율성을 높일 수 있는 장점이 있다.

또한 고령자인력활성화위원회가 빠른 시일 내에 시행되어 정착된다면 머지않아 다가올 고령사회의 고령자고용문제도 충분히 수용·해결해 나갈 수 있는 대안이 될 수 있을 것이다.

<표 4-4> 고령자인력활성화 위원회와 노인인력운영센터의 비교

비교요소	고령자 인력관리공단	노인인력운영센터
대상범위	- 55세 이상	- 60세 이상
기 능	*취업희망 고령자관리,*취업알선센터 통합운영 고령자/노인/CSC/인력은행/정보센터 등) *취업 상담 및 적응훈련, 알선 및 사후관리 *고령자 취업활성화를 위한 법·제도·직종 개발 *고령자 취업관련예산 확보(관련부처와 연개) *고령자취업관련정보통합관리,*고령자 취업홍보 *취업교육 및 알선관련 지자체와 협조·지원	-노인인력 수급동향 -노인 일자리 및 교육훈련 프로그램 개발/보급 -노인인력운영 프로그램 유지 및 관리 -지역사회 노인인력관리시설 및 단체 연계 및 조정(work-net) -노인인력운영 D/B구축 및 정보 연계
유관기관 및 업무체계	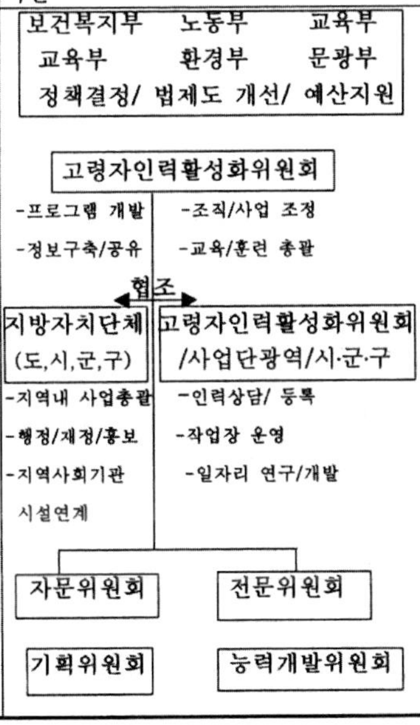 보건복지부 노동부 교육부 / 교육부 환경부 문광부 / 정책결정/ 법제도 개선/ 예산지원 고령자인력활성화위원회 -프로그램 개발 -조직/사업 조정 -정보구축/공유 -교육/훈련 총괄 협조 지방자치단체(도,시,군,구) 고령자인력활성화위원회/사업단광역/시·군·구 -지역내 사업총괄 -인력상담/ 등록 -행정/재정/홍보 -작업장 운영 -지역사회기관 시설연계 -일자리 연구/개발 자문위원회 전문위원회 기획위원회 능력개발위원회	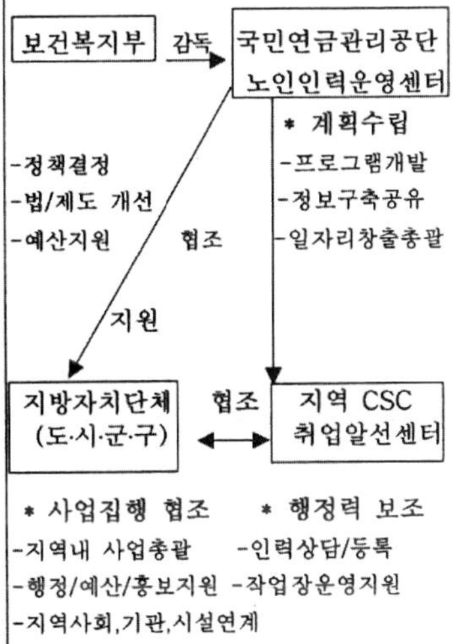 보건복지부 →감독 국민연금관리공단 노인인력운영센터 * 계획수립 -정책결정 -프로그램개발 -법/제도 개선 -정보구축공유 -예산지원 협조 -일자리창출총괄 지원 지방자치단체(도·시·군·구) 협조 지역 CSC 취업알선센터 * 사업집행 협조 * 행정력 보조 -지역내 사업총괄 -인력상담/등록 -행정/예산/홍보지원 -작업장운영지원 -지역사회,기관,시설연계

제5장 결 론

본 연구는 우리나라 고령자의 고용활성화 방안을 연구하였다. 인생의 라이프 사이클(Life cycle) 차원에서 왕성기를 지나 쇠퇴기 또는 황혼기에 접어든 연령계층에 대한 재취업정책을 위한 행정적·정책적 방안을 모색하였다.

고령자를 위한 복지정책은 다양하지만 노후의 생활안정을 위해서는 무엇보다 소득을 보장할 수 있는 직업적 안정이 필요하다. 우리나라는 '60년대의 55세 정년제도를 아직도 벗어나지 못하고 있는 실정으로 현재의 고령화사회는 물론 다가오는 고령사회에서는 사회적 문제가 아닐 수 없다. 즉 과거의 고령자문제는 주로 의·식·주 및 건강과 관련된 물질적 신체적 문제였으나 오늘날에는 이와 같은 문제들과 더불어 고령자의 직업, 역할 상실, 소외 등이 시대적 관심사이기 때문이다.

우리나라 고령자고용과 관련한 문제점은 경제발전 정도에 따라 그때그때 필요에 의하여 노인복지법이나 고령자고용촉진법 등이 시차적으로 도입되면서 대상과 영역 등에서 중첩되거나, 정책의 입안과 집행과정이 이원화 되는 등, 성숙되지 못한 토양으로 규모가 열악하고, 조직운영이 체계화·일원화 되어있지 못하다는 점이다.

본 연구는 고령화사회에서 고령자취업촉진을 위한 전략은 무엇인가, 또 그를 위한 행정적 체계는 어떻게 되어 있는가를 논의 하였다. 이에 따른 정책 대안은 그동안 많은 학자들 간의 논의가 있었고, 여기에서 논의한 것도 그동안 학계에서 주장된 내용을 점진주의적 입장에서 다시 정리한 것일 수도 있다.

그러나 본 연구는 고령자취업에 있어 외국의 제도(미국·일본)와 국내의 제도(장애인고용촉진공단), 그리고 현장 실무자들의 의견을 수렴하여 이를 토대로 정책적 전략을 제시함으로써 내실 있는 정책이 될 수 있도록 하였다.

첫째, 고령자 고용관련 법규정의 조정 및 통합이다. 현재 노동부와 보건복지부로 양분된 노인과 고령자고용에 관련한 법규 가운데 취업알선센터는 고령자취업알선센터로 일원화 하고 고령자 우선고용직종에 사회적 일자리를 포함하는 것이다. 또 고령자교육을 위해 노동부산하의 기능대학이나 직업전문학교에 고령자과정을 부설하여야 하며, 고령자고용 권장조항을 의무조항으로 발전시켜야 한다.

둘째, 고령자고용촉진을 위한 전담기구의 설립이다. 고령자인력관리를 총괄할 수 있고, 예산 소요제기와 고령자고용정책의 집행을 일원화 할 수 있으며, 고령자고용관련 기구들 간의 전달체계 확립과 고령자고용을 연구·개발하는 기구가 필요하다.

셋째, 사업실천을 위한 고령자사업단의 전략화이다. 고령자취업알선센터를 통한 기업이나 고용주가 요구하는 일자리를 연계하여 취업을 하는 방안을 계속 하면서, 지방자치단체에서 발주하는 사업을 계약하여 순수한 고령자 조직으로 사업을 추진하는 방안을 정책적으로 추진하면 고령자취업이 활성화될 수 있을 것이다.

넷째, 프로그램측면에서 고령자의 우선고용직종의 개선 및 통합이다. 우선고용직종을 취업 가능직종으로 개선하고, 사회적 일자리를 포함하여야 한다.

다섯째, 취업알선체계가 전문적이고 일원화된 운영체계로 전환되어야 한다.

여섯째, 고령자직업훈련의 제도화이다. 고령자우선고용직종을 55-64세와 65세 이상으로 구분하고 직종별로 소양교육과 전문교육으로 나누어 필요한 직종은 전문교육을 시행해야 한다. 그렇지 않으면 대부분 미봉책에 그쳐 다가오는 고령사회에 효율적으로 대처하기 어렵게 될 것이다. 그 밖에도 정보 및 홍보의 강화로 고령자 취업의 당위성과 노인들의 의식을 깨우쳐야 한다.

본 연구에서 제시한 방안 들은 고령자의 정책이 정책부서의 영역에 따라 분산 입안되더라도 정책의 집행을 일원화·체계화 할 수 있고, 같은 예산과 인원으로 효과를 극대화할 수 있으며, 일원화되고 확대된 홍보체계는 취업당사자에게 혼란을 방지하고, 전 국민들에게도 고령자고용의 당위성과 사회인식을 전환하는 계기가 될 수 있을 것이다. 이와 함께 본 연구는 향후 고령자 취업 활성화를 위한 기초 연구조사로서 연구방향과 기반을 제시하였다.

따라서 정부차원에서 ① 고령자고용관련 법규의 보완, ② 고령자고용을 활성화하기 위한 전담기구의 설립, ③ 전문적이고 일원화된 취업알선체계로의 전환, ④ 고령자취업을 위한 직업훈련의 제도화, ⑤ 고령자고용관련 정보 및 홍보 등이 강화 되어야 하며, ⑥ 고령자의 우선고용직종의 통합, ⑦ 고령자 사업단의 전략화, ⑧고령자전용공장의 운용 등이 모색되어야 한다. 다시 말해 고령자취업 활성화를 위해서는 무엇보다 정부의 적극적인 노력이 선행되어야 한다는 것이다.

앞으로 우리 사회가 고령사회로 진입하게 되면 연령통합문제를 비롯한 고령자에 대한 사회적인 인식의 전환과 평생교육 차원에서의 고령자교육 그리고 무엇보다 경제활동 인구의 감소라는 문제와 정년 연장 등이 중요한 사회문제가 될 것이다.

따라서 본 연구에 포함하지 못한 내용을 과제로 제시하며, 본 연구를 토대로 고령자 취업활성화에 대한 총체적인 정책이 수립되어야 할 것으로 본다. 앞으로의 과제를 위한 제언은 다음과 같다.

첫째, 경제활동인구의 감소에 따른 정년연장이 이루어 져야 한다. 1960년대 초에 시작된 정년제도는 당시 평균수명이 60세 미만일 때 55세이던 것이 2003년 현재 76세 이지만 정년연령은 여전히 55세가 지배적인 실정이다. 더욱이 1960년의 경우 노인인구가 82만 명으로 전체인구의 3.3% 수준에 불과하던 것이 2003년도 현재는 397만 명으로 전체인구의 8.3%를 차지(정경희, 2004)하고 있는 현실은 노인부양비가 11.6%로, 생산연령인구 9명이 노인 1명을 부양해야한다는 것이다. 이를 해결하기 위해서는 고령자가 소득활동에 참여할 수 있도록 정년을 연장하여야 한다.

둘째, 고령자에 대한 사회적인식의 전환이 필요하다. 일반적으로 경제활동인구 즉 생산연령을 15세에서 64세까지의 연령으로 구분하고 있다. 선진국에서는 이를 기준하여 생산연령에서 벗어나는 65세를 노인으로 하고, 이 시점을 각종 연금 지급 시기로 하고 있다. 요즈음 우리사회에서도 환갑잔치를 하는 것 보다 칠순잔치를 선호하고 있는 것은 60의 나이를 늙은이로 보지 않는다는 것이다. 이와 같은 사회인식이 널리 확산되어 64세까지는 경제활동을 하는 생산연령으로 보는 사회인식의 전환과 이를 위한 홍보가 필요하다.

참 고 문 헌

Ⅰ. 국내 문헌

1. 단행본

고양곤(1996), "외국의 고령자 취업동향과 우리의 정책과제" 외국의 노인복지정책, 서울 한국노인문제연구소.

______(1999), "빈곤노인의 실태와 정책과제", 「소외계층 노인의 현황과 과제」, 한국노인문제연구소.

구자순(1998), 한국노인문제연구의 현황과 전망, 한국노년학 제8권.

김동배(1999), 「노인 자원봉사활동을 통한 사화통합프로그램 개발」 집문당.

______(2003), "노인의 소득창출과 연계한 능력개발 방안", 「고령화 사회와 노인인력 활성화 방안」, 한국노년학회 세미나.

김미혜(2000), "고령자취업 적합직종 선정에 관한 연구", 「노인취업의 현황과 과제」, 노인복지정책 연구총서, 통권 17호.

______(2003), "고령자 직업훈련의 정책대안", 「고령화사회와 노인인력 활성화 방안」, 한국노년학회 세미나.

김병진(1998), 「정책학 개론」, 박영사.

______(1996), 「현대조사방법론」, 삼영사.

김정후・한만주(1998), 「노인인력 활용정책과 프로그램」, 집문당.

김중희(2002), 「노동용어사전」, 노문사.

김태현(1999), "한국의 소외된 여성노인", 「소외계층 노인의 현황과 과제」, 한국노인문제연구소.

남궁근(1998), 「행정조사 방법론」, 법문사.

남찬섭(2001), 「영국의 사회복지 발달사」, 인간과 복지.

노화준(2002), 「정책학 원론」, 박영사.

모선희(1999), "한국의 소외된 농촌", 「소외계층 노인의 현황과 과제」, 한국노인문제연구소.

모지환(1994), "한국과 일본의 고령자 고용정책에 대한 비교연구", 「불교와 사회복지」, 형설문화사.

문인숙(1998), 「노인복지의 이해; 이론과 기법」, 홍익제.

박봉관(1999), 「현대의 지역복지」, 대영문화사.

박연호(1997), 「행정학 신론」, 박영사.

박재간(2002), "노인 취업의 현황과 과제", 「고령자 취업과 자원봉사 활동」, 한국 노인문제 연구소.

박재간·이인수(2001), "우리나라 노인의 정치참여 과제", 「노인과 정치참여」, 한국 노인복지학회.

박순일(1996), 「중앙과 지방정부의 복지재정실태와 정책과제」, 보건사회연구원.

변재관(1999), 「활기찬 노후생활을 위한 고령자 창업지원」, 한국보건사회연구원

__________, 노인인력 활용의 활성화 방안, 「21세기의 생산적 노인복지방향」, 서울시 노인복지 워크샵 자료집, 한국노인복지학회.

변재관·유원선(2003), "고령자고용정책의 정책방안": 사회일자리 창출을 중심으로, 「고령화사회와 노인인력의 활성화 방안」, 한국노년학회세미나.

변재관·김종민(2000), "고령자 취업알선센터의 현황과 과제", 노인 복지정책연구총서, 통권 17호.

봉민근(1997), 「사회복지 정책론」, 학문사.

손병돈 외(2002), 「지역 시니어클럽의 안정적 발전방안」, 보건복지부연구보고서.

송호근(2001), 「세계화와 복지국가」, 나남.

신동면·양기근(2003), 「고령사회의 노인고용정책 방향에 관한 연구」, 한국노년학회.

여성한국사회연구회편(1999), 「노인과 한국사회」, 사회문화연구소.

오석홍·김영광(2001), 「정책학 주요이론」, 법문사

원영희(2001), 「미국의 노인정책 방향」, 노인복지정책연구.

유성호·모선희·김형수·윤경아(2002), 「노인복지론」, 아시아 미디어리서치.

이가옥(1996), "한국노인자원봉사의 현황과 과제", 「자원봉사와 노인의 역할」, 제2회 세계 노인의 날 기념 세미나 자료집

＿＿＿, "노인복지정책과 향후 발전방안", 「미래사회와 노후생활」, 한국노인문제 연구소 노인복지정책연구 99-7호.

＿＿＿ (1999), 노인복지의 현황과 과제, 나남.

이계탁(1998), 「복지행정학 강의」, 나남.

이금룡(2002), "노인자원봉사 활성화를 위한 모집전략방안", 「21세기 장수과학 어떻게 발전시킬 것인가」 한국노년학회 세미나자료.

이명재(1990), 「조직발전론」, 성지문화사.

이왕재(1993), 「사회현상연구의 방법과 문제점에 대한 분석적 탐구」, 상명대학교.

이준구(1999), 「재정학」, 다산출판사.

이택룡·노무지(2001), 「지역사회 복지론」, 양서원.

이현기(2001), "고령자 재취업과 지역복지정책적 함의" 「노인복지연구」, 양서원

임춘식(2004), "고령사회의 노인인력 활용정책에 관한 연구", 「노인복지연구」, 한국 노인복지회.

장옥주(2003), "현 정부의 노인인력 활성화 정책", 「고령화 사회와 노인인력의 활성화 방안」, 한국노년학회 세미나.

장인협·이정호(2001), 「사회복지 행정론」, 서울대학교 출판부.

장인협·최성재(1999), 「노인복지학」, 서울대학교출판부.

장지연(2003), 「고령자 임금보조제도의 고용촉진효과 분석」, 고령사회와 노인인력 활성화 방안, 한국노년학회.

정경배(2003), "준·고령 인력의 고용현황과 정책방향", 「준·고령인력의 효과 적인 활용방안」, 한국산업인력공단.

전경희(1998), 「1998년도 전국노인생활실태 및 복지욕구조사」, 한국보사회연구원.

______(2004), 「고령화시대의 노인보건·복지정책」, 한국보건사회연구원.

정정길(2001), 「정책학원론」, 대명출판사.

채서일(2000), 「사회과학 조사방법론」, 학현사.

최성재(2000), "노인취업의 실태와 정책방향", 「노인취업의 현황과 과제」, 노인복지정책총서, 통권 17호.

최순남(1999), 「현대노인복지론」, 수원 한신대학교 출판부.

최일섭·최성재(2002), 「사회문제와 사회복지」, 나남.

현외성(1994), 「한국과 일본의 노인복지정책 형성과정」, 사회복지
　　　　연구.

______ (2000), 「사회복지 정책강론」, 양서원.

______ (2001), 「한국사회복지법제론」, 양서원.

______ (2002), "한국노인복지법의 형성과 변천과정", 「한국 노인복
　　　　지법의 문제점 및 개선방안」, 밝은 노후 모임 세미
　　　　나 자료집.

현종민·최희순(2002), 「사회조사방법론」, 에스링크.

황진수(1999), "우리나라 노인권익운동의 현황과 과제", 「새천년의
　　　　노인권익 운동의 전개」, 노인복지학회.

______ (2000), 「고령자 취업촉진을 위한 행정적 지원방안」, 사회정
　　　　책논집.

____________, 「고령자 취업알선 방안, 연구보고서」, 한국노인과학
　　　　학술단체연합회.

______ (2001), 「고령자 취업 활성화 방안」, 한국 노년학회지,

______ (2003), 「준·고령 인력에 대한 사회적 인식전환", 준·고령
　　　　인력의 효과적인 활용방안」, 한국산업인력공단.

한국노년학회·한국청소년학회(2002), 「세대통합을 위한 전망과 과
　　　　제」. 한국노인문제연구소(2000), 「노인복지정책관련
　　　　국민대토론회」,

____________________(2000), 「노인 일거리마련사업 활성화방안에 관
　　　　한 심포지엄」, 한국노인과학학술단체연합회, 2002,
　　　　「21세기 장수과학 발전방향」.

한국보건사회연구원(1994), 「노인생활 실태분석 및 정책과제」.

____________________(1996), 「중앙과 지방정부 복지재정실태와 정책
　　　　과제」.

190

________________(1997), 「보건복지 예산과 정책과제」.

________________(1999), 「활기찬 노후생활보장을 위한 고령자 창업지원 방안」.

한국사회복지학연구회(1997), 「사회복지의 사상과 역사」.

한국산업인력공단(2003), 「준·고령인력의 효과적인 활용방안」.

2. 논 문

고보선(2001), 노인취업인력 활용방안에 관한 연구, 제주산업정보대학 논문집

김종현(1998), 한국 노인복지의 정책모형에 관한 연구, 동국대학교 대학원 박사 학위 논문.

김하윤(1998), 한국 노인복지시설의 효율적 운영에 관한 연구, 대구대학교 대학원 박사학위 논문.

박선경(2003), 한국 NGO의 성과결정요인에 관한 연구 -법·정치·행정 NGO를 중심으로-한양대학교 대학원 박사학위 논문.

박호춘(1998), 노인복지행정체계에 관한 연구, 전주대학교 대학원 박사학위논문.

서상철(2000), 재가노인 복지정책에 관한 연구, 경기대학교 대학원 박사학위논문

우봉우(2002), 준·고령자를 위한 직업능력개발훈련 활성화방안, 서강대학교 공공정책 대학원 석사학위논문.

이갑숙(1999), 노인복지행정체제의 개선방안에 관한 연구, 대전대학교 대학원 박사학위논문.

이철우(1999), 정년퇴직 노인들의 퍼스넬리티와 생활만족의 관계에

관한 연구, 고려대학교 대학원 석사학위 논문.

전혜정(2001), "노년기 생산적 활동", 「한국의 백세인과 21세기 장수문화」, 2001년 한국노인과학학술단체 연합회 학술발표회.

조봉희(1997), 노인취업실태와 대책에 관한 연구, 청주대학교 대학원 석사학위논문.

조선일(1999), 고령화사회에 따른 노인 재취업정책에 대한 연구, 목포대 사회과학연구논문집.

3. 정부 간행물

노동부(1998), 고령자 취업가이드.

_____ (1998~2002), 노동백서.

보건복지부(2000 ~2002), 보건복지백서.

_________(2000 ~2002), 보건복지통계연보.

_________(2000), 고령화 관련 국제행동계획과 노인을 위한 유엔 원칙,

_________(2002), 지역사회 시니어클럽의 안정적 발전방안,

_________(2001 ~ 2003), 「노인보건복지사업 안내」.

_________(2001 ~ 2003), 노인보건복지 국고보조사업안내

서울시(각 년도) 서울시 고령자취업알선센터 실적 보고서.

서울시고령자취업알선센터(2001), 고령자취업알선센터 사업운영보고서.

통계청(1998~2002), 장래인구추계.

_____ (1998~2002), 한국의 사회지표.

4. 인터넷 사이트

http://www.blog.naver.com.

http://www.moleg.go.kr.

http://www.mohw.go.kr.

http://www.welfare.co.kr .

http://www.kihasa.re.kr.

http://www.imaeil.com.

http://education.sangji.ac.kr.

Ⅱ. 외국 문헌

American Association of Retired Persons(1995), *Conpendium of older workers employment projects* . Washington DC; AARPUN Liaison Office

Blau, J. S(1995), *Current Perspectives on Aging and Life Cycle*. New York: JAI Press Inc.

Blondal, S. and Scarpetta, S.(1998), "The Retirement Decision in OECD Contries". *Maintaining Prosperity in an Aging Society: The OECD Study on the Policy Implications of Aging*. Organization for Economic Co-operation and Development(OECD).

Brewington, J. O. & S. N. McMillan(2000), "Older Adults; Work-related Issues and Implication for Counseling."

The Career Development Quarterly. Sep. 2-15.

Galambos, C. M(1997), "Quality of Life for the Elder: A Reality or an Illusion?" *Journal of Gerontological Social Work,* vol. 21(3). 27-44.

Hardly, M(1998), "Vulnerability in Old Age: The Issue of Dependency in American Society." *Journal of Aging Studies,* vol. 2. 37-52

Kinsella, K. & Gist, Y. J(1995), *Older Wokers, Retirement, and Pensions: A Comparative International Chartbook,* IPC-95-2.

Koff, T. H. & Park, R. W(1999), *Aging Public Policy: Bounding the Generations(and ed.),* New York: Baywood Publishing Company, Inc.

Mor-Barak, M. E. & M. Tynan(1993), "Older Workers and Workplace: A New Challenge for Occupational Chances." *The Social Work,* vol. 38(1). 45-55.

Nathason, I. L. & K. M. S. O'Rourke(1994), "The Job Interrests, Work Incentives and Perceived Barriers and Limitations to Employment of a Group of a Older Trainees in a Suburban New York Country." *Journal of Gerontological Social Work,* vol. 21(4). 159-176.

[부록 1]

노인(고령자) 취업 활성화를 위한 델파이 설문지

안녕 하십니까?

여러 가지로 바쁘신 데도 불구하고 설문에 응해 주셔서 감사합니다.

저는 노인(고령자) 취업을 활성화하기 위한 방안을 연구하고자 바쁜 시간인줄 알면서도 어려운 부탁을 드립니다.

특히 선생님께 설문을 부탁드리는 것은 고령화 사회를 맞아 시급한 우리사회의 노인(고령자)문제 해결을 위한 바람직한 대안을 찾고자 하는 생각과 이를 위해서는 선생님과 같은 전문가들의 고견에 귀 기울일 수밖에 없다는 생각에서 어려운 부탁을 드립니다.

직접 찾아뵙고 말씀을 들어야 도리인줄 알지만 시간적인 제약으로 인하여 설문으로 대신함을 양해해 주시기 바랍니다.

본 설문지는 전문가들의 의견을 취합하기 위한 델파이 설문으로서 선생님께서 응답하신 모든 내용은 익명으로 처리되며, 또 선생님의 의견을 다른 전문가들의 의견과 함께 분석하여 그 결과와 함께 추가적인 설문이 다시 선생님께 전달될 것입니다.

아무쪼록 번거로우시겠지만 노인복지와 관련 학문의 발전을 위한다는 생각으로 성의 있는 고견을 부탁드립니다.

1. 귀하의 성별은? ① 남　　② 여
2. 귀하의 연령은? 만(　　　)세

3. 선생님께서 근무하시는 곳은 어디입니까?

　　① 복지관련시설(기관)　　② 노인(고령자)취업알선센터

4. 노인(고령자)취업 관련분야에 근무하신 기간은?

　　　　　(　　)년 (　　　)개월

　* 다음 설문에서는 고령자 취업 담당부서인 보건복지부와 노동부와의 갈등 요소 및 이를 해소하기 위한 방안, 그리고 이들의 역할분담에 관한 질문입니다. 그 다음은 고령자 취업에 대한 기업의 입장과 이에 따른 취업교육 프로그램의 문제점과 개선방향에 관한 질문이고, 마지막으로 고령자 취업에 대한 단기적, 장기적 방안에 대한 선생님의 의견을 질문 하였습니다.

　1. 현재 고령자 취업은 보건복지부와 노동부로 정책부서가 양분되어 있고, 노인(보건복지부 65세 이상) 혹은 고령자(노동부 55세 이상)로 연령차이가 이원화 되어 있어, 이들 부처간의 상호협력과 운영, 정보공유 등이 미흡하며, 예산지원도 열악하고, 전문성도 부족한 실정입니다. 선생님께서는 노인 혹은 고령자취업정책 측면에서 어떤 문제가 가정 심각하다고 생각하십니까? <u>우선순위에 따라 3가지 이상씩 적어 주십시오.</u>

- 노인(고령자)취업정책의 문제점

　　①

　　②

　　③

　　④

⑤

- 해결 방안

①

②

③

④

⑤

2. 그리고 보건복지부와 노동부가 서로 연계하여 노인(고령자)취업정책을 실천해 나간다고 할 경우, 각 부처에서 담당해야할 주요 역할은 무엇이라고 생각하십니까? <u>우선순위에 따라 3가지 이상씩 적어주십시오.</u>

- 보건복지부의 역할

①

②

③

④

⑤

- 노동부의 역할

①

②

③

④

⑤

3. 2003년 말 현재 65세 이상 노인만 377만 명에 이르고 있으며, 이 가운데는 건강하고, 일하기를 원하며, 경제적으로 어려운 노인이 100만 명에 이르고 있는 것으로 파악되고 있는데요, 기업은 고령자 고용 권장조항(3/100)과 고령자 고용 장려금과 지원금제도를 알고 있으면서도, 고령자 고용을 기피하고 있습니다. 오랫동안 노인(고령자) 취업알선을 해오면서 경험하신 선생님의 경험을 바탕으로 기업(고용주)이 노인(고령자)을 기피하는 이유가 무엇이라고 생각하십니까? <u>우선순위에 따라 3가지 이상 적어 주십시오.</u>

①

②

③

④

⑤

4. 기본적으로 노인(고령자)이 재취업을 하기 위해서는 기업(고용주)이 요구하는 내용을 교육하거나 훈련되어야 한다고 봅니다. 노인(고령자) 재취업이 활성화되기 위해서, 교육 프로그램이 나가야 할 방향과 우선적으로 시행해야 할 직종 및 교육·훈련 정도에 대해서 <u>3가지 이상씩 적어 주십시오.</u>

- 교육 프로그램이 나갈 방향

①

②

③

④

⑤

- 우선적인 분야(직종)와 교육·훈련정도(기간)

①

②

③

④

⑤

5. 기업(고용주)이 노인(고령자) 고용을 기피하고 있는데요, 현행 노인(고령자)들의 재취업을 위한 교육·훈련 프로그램의 문제점은 무엇이라고 생각하십니까? 우선순위에 따라 3가지 이상 적어 주십시오.

-교육·훈련 프로그램상의 문제점

①

②

③

④

⑤

6. 2019년에는 65세 이상 노인인구만 700만 명을 넘어서면서 본격적인 고령사회로 진입하게 될 것으로 보이는데요, 이에 대비하기 위해서는 취업을 원하는 노인(고령자)인력과 희망직종 등을 정확하게 파악하고, 기업에서 요구하는 직종과

수준을 조사해, 재교육을 시켜, 취업을 알선하는 종합적인 기능이 필요하다고 생각됩니다. 다가오는 고령사회를 대비한 장기적인 방안과 우선적으로 해결해야 할 사항으로 구분하여 <u>선생님의 고견을 적어주십시오.</u>

   - 고령사회를 대비한 장기적 방안

   ①

   ②

   ③

   ④

   ⑤

   - 우선적으로 해결해야 할 사항

   ①

   ②

   ③

   ④

   ⑤

   7. 위의 질문이 외에 추가적으로 고령자 취업 활성화에 대한 선생님의 고견이 있으시면 말씀해 주십시오.

[부록 2]

<table>
<tr><td>pid</td><td></td><td></td><td>gid</td><td></td><td></td></tr>
</table>

고령자 취업에 관한 조사

안녕하십니까?

바쁘신 중에도 설문에 응해 주셔서 대단히 감사합니다.

본 설문지는 우리나라 고령자 취업 활성화를 위한 바람직한 역할과 발전방안을 연구하기 위한 논문의 자료 수집을 위한 것입니다.

선생님의 현장 경험을 바탕으로 한 답변은 논문에 꼭 필요한 자료가 될 것이며, 노인복지 발전을 위한 귀중한 기초 자료가 될 것입니다.

수집된 자료는 익명으로 처리되며, 그 결과는 순수한 학문적 목적으로만 사용될 것을 약속드립니다.

선생님의 고견을 부탁드립니다.

감사합니다!!

Ⅰ. 다음은 고령자 취업 정책에 관한 내용입니다. 중요하다고 생각되는 곳에 체크하여 주십시오.

1. 고령자 취업 정책의 문제점은 무엇이라고 생각하십니까?

문 항	전혀아니다<-->매우그렇다				
	①	②	③	④	⑤
1. 고령자 채용 정책의 실효성 부족					
2. 고령자 채용 정책의 추진력 부족					
3. 강력한 법적 근거 미비로인해 고용주 임의의 조기퇴직이 자행됨					
4. 고령자 취업분야의 통합된 주무관청이 없어서 비효율적 운영됨					
5. 고령자 채용 활성화를 위한 예산 부족					
6. 고령자 취업을 담당할 전문 인력 부재					
7. 고령자 취업에 대한 사회적 인식 부족					
8. 노인인력 중심의 복지공장 및 사업장 부재					

2. 고령자 취업 정책의 문제점을 해결하기 위한 방안은 무엇
   입니까?

문 항	전혀아니다<-->매우그렇다				
	①	②	③	④	⑤
1. 고령자 취업을 전담할 수 있는 단일화된 기관 설치					
2. 고령자 고용 활성화를 위한 강제성 있는 법적 근거 마련					
3. 노동·복지·교육부 연계의 전문화된 노인취업프로그램 운영					
4. 고령자 취업 활성화를 위한 사업 예산의 현실화					
5. 고령자 취업 활성화를 위한 전문인력 확충					
6. 공공기관에서의 고령자 취업을 모범적으로 실천					
7. 고령자에게 적합한 생산라인설치					
8. 노인 취업 관련 data base 구축을 통한 적합한 일자리 창출					

3. 고령자 취업에 있어서 보건 복지부의 역할은 무엇입니까?

문 항	전혀아니다<-->매우그렇다				
	①	②	③	④	⑤
1. 노인복지공장 및 사업장 건설					
2. 고령자 취업 활성화를 위한 연구					
3. 고령자 취업 관련 기관 및 센터 통합운영					
4. 고령자의 취업에 관한 상담과 적응 교육					
5. 고용보험 예외자 우선 취업시키도록 관리					
6. 실무자 교육 및 관리					
7. 공공 영역에서의 일자리 창출					
8. 고령자 생활실태 및 욕구 조사					

4. 고령자 취업에 있어서 노동부의 역할은 무엇입니까?

문 항	전혀아니다<-->매우그렇다				
	①	②	③	④	⑤
1. 취업을 희망하는 고령자의 교육 및 훈련 전담					
2. 고령자 취업에 따른 예산 지원					
3. 근로 환경 개선(인사관리시스템포 함) 등의 기업 지원 업무					
4. 소규모 창업 지원					
5. 고령자 고용 촉진법의 의무 규정화					
6. 사회적 일자리 창출					
7. 정년 연장					

5. 고령자 채용에 대한 기업의 입장은 무엇이라고 생각하십
   니까?

문 항	전혀아니다<-->매우그렇다				
	①	②	③	④	⑤
1. 영리추구를 목적으로 하는 기업의 목표 달성에 걸림돌이 됨					
2. 고용 촉진 장려금을 받는 절차가 번거로움					
3. 노인의 신체적·사회적·인지적 능력 부족으로 생산성이 낮아진다는 부정적인 편견					
4. 기업 내에서 젊은 세대와의 부조화를 우려					
5. 노인의 갑작스런 건강 악화와 각종 사고 발생 우려					
6. 고령자 채용에 대한 법적 강제력이 없으므로 채용을 기피					
7. 고령자 채용시 적정 급여 책정의 문제					

Ⅱ. 다음은 고령자 취업 교육 프로그램에 관한 내용입니다.
중요하다고 생각되는 곳에 체크하여 주십시오.

1. 고령자 취업을 위한 현행 교육·훈련 프로그램의 문제점
은 무엇입니까?

문 항	전혀아니다<-->매우그렇다				
	①	②	③	④	⑤
1. 취업에 대한 고령자의 인식 부족					
2. 취업에 관한 다양하고 실질적인 교육 부재					
3. 교육 수료 후 취업 알선 및 사후 교육 등의 관리 부재					
4. 일자리에 대한 기업의 수요 파악 부재					
5. 예산 부족					
6. 표준화된 교육내용 부재					
7. 전문적인 강사 부재					
8. 일원화된 교육 훈련 창구의 부재					
9. 고령자 취업 교육에 대한 홍보 부족					
10. 까다로운 참가조건과 행정절차					

2. 고령자 교육·훈련 프로그램이 나아가야할 방향은 무엇입니까?

문 항	전혀아니다<-->매우그렇다				
	①	②	③	④	⑤
1. 구체적이고 실효성 있는 기술 교육					
2. 고령자의 needs에 맞춘 업무 분야 개발 및 교육					
3. 기업의 needs에 맞춘 업무 분야 개발 및 교육					
4. 취업교육을 정식 학교 교육으로 인정					
5. 노동·복지·교육부 연계하여 예산 지원 확대 및 교육 활성화					
6. 교육 후 재교육 및 취업 연계의 사후 관리					
7. 창업지원 및 사회적 일자리 개발과 교육					
8. 직능교육 뿐 아니라 소양교육도 병행 실시					
9. 교육 프로그램 연구 및 개발을 위한 전담 기관 필요					
10. 사업체 연계한 현장체험 위주의 교육이 필요					

3. 우선적으로 시행해야할 교육·훈련 분야는 무엇입니까?

문 항	전혀아니다<-->매우그렇다				
	①	②	③	④	⑤
1. 자격증 관련 교육					
2. 특수 영업직 및 서비스 직종 교육					
3. 소규모 창업 기술 교육					
4. 컴퓨터 활용 교육					
5. 특기 강사 양성 교육					
6. 소양 교육					

Ⅲ. 다음은 고령자 취업 활성화에 관한 내용입니다. 중요하다고 생각되는 곳에 체크하여 주십시오.

1. 고령자 취업 활성화를 위한 장기적인 방안은 무엇입니까?

문　　항	전혀아니다<-->매우그렇다				
	①	②	③	④	⑤
1. 공적 보험 체계 완비					
2. 고령자 취업을 위한 단일화된 기관 운영					
3. 사회적 일자리 창출 노력					
4. 기업의 일자리 창출 노력					
5. 고령자 취업에 대한 사회적 인식 전환					
6. 고령자 취업에 대한 연구					
8. 고령자 우선 취업 직종을 법으로 고시					
9. 고령자 채용에 대한 강력한 법적 근거 마련과 시행					

2. 우선적으로 해결해야할 사항은 무엇입니까?

문 항	전혀아니다<-->매우그렇다				
	①	②	③	④	⑤
1. 모든 기업에 임금 피크제 도입					
2. 고령자 중심의 사업장 건설					
3. 고령자 취업 전문 교육 기관 신설					
4. 고령자 취업 기관의 단일화					
5. 고령자 취업 교육 예산 확충					
6. 고용 촉진 장려금 제도의 현실화					
7. 고령자 채용에 대한 적극적 홍보 (ex: 고령자 채용 박람회 등)					
8. 고령자 취업을 위한 연구·개발 기 구 신설					
9. 기업에서 퇴직자 재취업 교육					
10. 고령자 취업에 대한 사회적 인식 개선					
11. 고령자의 근무 환경 개선 강화					
12. 공공 기업에서 고령자 채용 우선 실시					

> IV. 다음은 통계 처리를 위한 내용입니다. 각 문항에 대해
> 귀하게 가장 가깝다고 생각되는 해당란에 표시하여 주
> 십시오.

- 인구통계학적 특성 -

1. 귀하의 성별은 어떻게 되십니까?
   ① 남   ② 여

2. 귀하의 나이는 어떻게 되십니까?   (만______세)

3. 귀하의 최종학력은 어디에 해당됩니까?
   ① 고등학교 졸업   ② 전문대학 졸업
   ③ 대학교 졸업   ④ 대학원 재학 및 졸업 이상

4. 귀하의 고령자 취업 관련 근무 경력은 얼마나 되십니까?
              (   )년 (   )개월

5. 귀하께서 현재 근무하고 계신 취업시설은 다음 중 어떤
   곳입니까?
   ① 노인(사회)종합복지관   ② 노인취업알선센터
   ③ 고령자취업알선센터   ④ 기타 (   )

6. 귀하는 지금 어떤 형태로 근무하고 계십니까?
　　① 정규직　　　　　　　② 임시직(종일제)
　　③ 임시직(시간제)　　　④ 기타 (　　　　　　　　　)

- 기관의 특성 -

7. 귀 기관은 설립된 지 얼마나 되었는지요?
　　① 5년 미만　　　　　　② 6년 ~ 10년
　　③ 11년 ~ 15년　　　　④ 16년 이상

8. 귀 기관의 규모는 어느 정도 인지요?
　　직원: ＿＿＿＿＿명,　　　수용인원: ＿＿＿＿＿명

9. 귀 기관의 고령자 취업 담당자는 몇 명이나 되는지요?
　　담당자: ＿＿＿＿＿명,　　　자원봉사: ＿＿＿＿＿명

10. 귀 기관의 월 평균 취업규모는 어느 정도인가요?
　　취업 상담: ＿＿＿＿＿%,　　　취업 알선: ＿＿＿＿＿%

11. 귀 기관에서 알선한 고령자 취업은 주로 어떤 분야인가요?
　　① 일용직/단순노무직　　② 기술직
　　③ 전문직　　　　　　　④ 기타 : ＿＿＿＿＿＿＿＿

12. 귀 기관에서는 고령자 취업 관련 자료를 어떻게 관리하고
계신지요?
　　① 서류(paper)로 관리　　　② 컴퓨터에서 파일로 관리
　　③ Database를 구축하여 관리
　　④ 컴퓨터 파일과 서류로 동시 관리

13. 귀 기관에서 가장 많이 알선된 고령자 취업 직종을 든다면
어떤 것이 있나요?
　　취업 직종: __________,　　2003년 취업 인원: _______ 명

14. 귀 기관의 고령자들이 가장 원하고 있는 취업 분야는 무엇
인가요?
　　취업 직종: __________,　　원하는 월 보수: _______ 원

15. 고령자 취업과 관련한 교육은 누가 담당 하는지요?
　　① 기관내의 교육 담당자　　② 외래 강사 초빙
　　③ 고령자 안에서 선정　　　④ 취업 관련 교육을 하지 않음
　　⑤ 기타:________________

16. 외래 강사 초빙의 빈도는 어떻게 됩니까?
　　년간 횟수 (　　　　　　　　　　)번

17. 외래 강사 초빙 섭외 시 어려운 점은 무엇이 있나요?
　　① 전문 강사의 부족　　　　② 비용 문제

③ 기타 ________________________________

18. 고령자 취업을 위한 타 기관 및 기업과의 협조는 어떻게 진
행하십니까?
① 정기적인 협조회의   ② 고령자 취업 관련 전산망 이용
③ 필요시 전화로 협조   ④ 협조 없이 자체 실시
⑤ 기타: ____________________

19. 귀 기관의 고령자 취업 관련 업무 담당자는 몇 분이 계십니까?
(   )명

20. 귀 기관의 고령자 취업 담당자의 담당 업무는 어떻게 됩니까?
① 고령자 취업 업무만 담당
② 고령자 취업 업무와 기타 업무 병행
③ 기타 ________________________________

※ 장시간 설문에 응하여 주셔서 감사합니다.

[부록 3]

Delphi 설문 종합

II. 설문 문항 개념화

1. 노인(고령자)취업정책의 문제점

문 항	개념화	빈 도
1. 노인의 취업정책이 단기적이다. 2. 고령자 채용이 권고조항으로 실효성이 없다. 4. 고령자 우선고용직종이 실효를 거두지 못하고 있다. 13. 정부의 정책적인 추진력이 부족하다.	1. 고령자 채용 정책의 실효성과 추진력 부족	7
3. 고용주 임의로 조기 퇴직시키고 있다. 7. 일정 연령까지 근무를 보장하는 강한 법적근거가 없다. 10. 기업의 실질적인 정년 연령이 점점 낮아져노인 취업 인식이 부정적이다.	2. 강력한 법적 근거 미비로 고용주 임의의 조기 퇴직	4
5. 운영부처가 다른 노인취업기관 간 협조체제가 없다. 8. 주무관청의 이원화(복지부/노동부)로 전달체계가 비효율적이다. 14. 노인 일자리 관련 업무를 총체적으로 기획·운영·관리할 기관이 없다. 6. 다양한 고용제도를 갖춘 노인인력의 운용이 미비하다.	3. 고령자 취업의 통합된 관리 기관 부재로 비효율적 운영	8
9. 예산 및 전문 인력이 부족하다.	4. 예산 및 전문 인력 부재	3
11. 청년실업 우선정책으로 고령자실업에 대한 인식이 부족하다.	5. 고령자 취업에 대한 사회적 인식 부족	1
12. 노인들이 실제 일할 수 있는 노인복지공장이 없다.	6. 노인인력 중심의 복지공장 부재	1

2. 해결 방안

문 항	개념화	빈도
1. 효율적인 고령자 취업을 전담할 수 있는 운영기관 신설 2. 고령자 취업 전문연구기관 및 기업간 연계가 가능한 민간기관 필요 5. 노인관리공단을 신설해 전달체계와 업무 통합 필요 8. 전담부서의 일원화(노인/고령자취업센터 --> 고령자 취업공단) 15. 노인인력 관리공단 같은 중앙조직·정부조직 필요	1. 고령자 취업을 전담할 수 있는 단일화된 기관 설치	8
3. 고령자 고용확충을 위한 강제성 있는 법적 근거 마련 11. 고령자 채용의 강제조항 신설 13. 정년제 제정으로 법적 제재 및 지원 방안 시행	2. 고령자 고용 확충에 대한 강제성 있는 법적 근거 마련	5
4. 노동부/복지부/교육부가 연계한 노인취업프로그램 운영	3. 노동·복지·교육부 연계의 전문화된 노인취업프로그램 운영	1
6. 노인취업을 위한 사업예산의 현실화 및 전문인력 확충 7. 일부기관에서만 지원하고 있는 고용촉진 장려금의 적용대상을 현실화	4. 사업 예산의 현실화 및 전문인력 확충	4
10. 공공기관에서 고령자 취업정책 모범적 실천	5. 공공기관에서의 모범적 실천	2
12. 고령자에게 적합한 생산라인 설치를 지원하여 고령자 채용을 유도	6. 고령자에게 적합한 생산라인설치	2
14. 노인에게 적합한 직종 선정하여 노인인력으로 대체하는 추진력 필요 16. 노인취업 관련 database 구축하여 이를 바탕으로 장기 계획 수립	7. 노인 취업 관련 data base 구축을 통한 적합한 일자리 창출	2

3. 보건복지부의 역할

문　　　　　항	개념화	빈　도
1. 노인복지공장 및 사업장 건설	1. 노인복지공장 및 사업장 건설	1
2. 구인업체 개발 및 연구/조사팀 운영 7. 노인취업 적합직종과 업무 연구 개발	2. 고령자 취업 전반의 연구 개발	4
3. 노인/고령자 취업알선센터 통합 4. 취업알선센터 관리(인력채용/운영비 지원)	3. 고령자 취업 센터 통합운영	2
8. 노인취업 상담과 적응 교육	4. 상담과 적응 교육	3
10. 고용보험 대상에서 벗어난 65세 이상의 일자리 마련 우선	5. 고용보험 예외자 우선 관리	1
11. 담당 실무자들의 교육 및 관리	6. 실무자들의 교육 및 관리	1
12. 지방자치 단체의 공공영역 창출 및 국가 정부의 제도적 접근 노력	7. 공공 영역 창출 및 제도적 접근	1
13. 고령자 생활실태 및 욕구 조사	8. 고령자 생활실태 및 욕구 조사	1
14. 빈곤 고령자 층에 대한 기초 생계비 확대와 의료혜택 보장	9. 기초 생계비 확대와 의료보장	1

4. 노동부의 역할

문 항	개념화	빈 도
1. 고령자 교육훈련 전담 4. 기업에서 필요로 하는 인적자원을 조사하여 이에 따른 교육 활성화	1. 교육·훈련 전담	6
2. 기업이 고령자 취업을 하도록 예산 지원 및 감독(임금피크제 지원) 5. 고령자 취업이 가능토록 근로환경의 정책적 지원 6. 고령자가 적응할 수 있는 인사관리 시스템 설치	2. 고령자 취업에 따른 예산 지원 및 근로환경 개선(인사관리 시스템포함) 등의 기업 지원 업무	6
3. 고령자의 소규모 창업지원(예산과 전문인력)	3. 소규모 창업 지원	1
7. 제조업체별로 고령자 일자리 지정	4. 제조업체별로 고령자 일자리 지정	1
8. 노동시장의 경쟁과 마찰이 일지 않는 사회적 일자리 창출(파트타임 포함) 9. 고용보험의 자원을 활용	5. 사회적 일자리 창출	4
10. 고용 촉진 장려금 제도의 완화	6. 고용 촉진 장려금 제도 강화	1
11. 나이가 아닌 업무 수행에 따른 정년제도 실시	7. 나이가 아닌 업무 수행에 따른 정년제도 실시	1

5. 기업(고용주)이 노인(고령자)를 기피하는 이유

문　　　　　　항	개념화	빈　도
1. 기업의 목표달성과 고령자에 대한 예우가 상충됨	1. 영리추구를 목적으로 하는 기업의 목표 달성에 걸림돌	1
2. 지원금을 받는 절차가 번거롭고 귀찮다는 선입견	2. 지원금 받는 절차의 번거로움	3
4. 생산성이 낮고 업무 능력이 떨어진다는 사회적 편견 5. 수동적이다. 6. 환경적응능력이 부족하다. 8. 복잡한 학습능력이 떨어지고 고령자 스스로가 학습할 의욕이 없다. 10. 고착된 노인의 성격으로 조직운영의 걸림돌 우려	4. 노인의 신체적·사회적·인지적　능력에 대한 부정적인 사회적 편견	17
3. 기업의 입장에서 젊고 활기찬 분위기를 선호 7. 젊은 세대와의 부조화 11. 어른으로서의 부담감	5. 젊은 세대와의 부조화	6
9. 건강문제와 각종 사고 발생 우려	6. 건강과 각종 사고 발생 우려	5
10. 위법시 법적인 제제가 약하다	7. 법적 강제력 없음	1

6. 재취업을 위한 현행 교육·훈련 프로그램상의 문제점

문　　　　항	개념화	빈도
1. 고령자 자신들이 재취업 교육의 필요성과 인식 부족	1. 고령자의 인식 부족	3
2. 실질적으로 취업에 도움이 안되는 교육 프로그램 3. 교육프로그램의 다양성 미흡 6. 취업 실무교육과 훈련이 미약 10. 구직자의 전문성을 살릴 수 있는 교육 프로그램 부재 11. 직종에 따른 적절한 교육 부재	2. 다양하고　실질적인 교육 부재	8
4. 교육 수료 후 취업보장책 부재와 이에 따른 의욕 저하 12. 교육 후 사후 관리 부재	3. 교육 수료 후 관리 부재	3
5. 기업의 소요를 파악하지 않는 상태에서 교육이 이뤄짐	4. 기업의 수요 파악 부재	3
7. 교육·훈련에 투자하는 예산 부족	5. 예산 부족	1
8. 표준화된 커리큘럼과 강사진 등의 sys-tem 부재	6. 표준화된 교육내용과 전문적인 강사 부재	1
9. 교육훈련 창구의 일원화 및 홍보 강화	7. 교육훈련 창구의 일원화 및 홍보 강화	1
13. 까다로운 참가조건과 행정절차	8. 까다로운 참가조건과 행정절차	1

222

7. 교육 프로그램이 나아갈 방향

문 항	개념화	빈 도
1. 구체적인 기술교육으로 기술을 발휘할 수 있는 확신 필요	1. 구체적이고 실효성 있는 기술 교육	3
2. 고령자에게 적합한 사회적 일자리 창출 10. 고령자의 Needs에 맞는 교육	2. 고령자의 needs에 맞춘 업무 분야 개발 및 교육	2
3. 기업들과 협의하여 고령인력이 필요한 분야를 개발 4. 기업이 요구하는 분야를 파악하여 교육프로그램으로 양성 7. 기업에서 고령자가 일할 수 있는 업무 분야 연구·개발하여 제시 13. 기업의 needs에 맞는 교육	3. 기업의 needs에 맞춘 업무 분야 개발 및 교육	5
5. 취업교육을 정식 학교 교육으로 인정	4. 취업교육을 정식 학교 교육으로 인정	1
6. 노동부/복지부/교육부가 연계하여 예산지원 확대 및 교육 활성화	5. 노동·복지·교육부 연계하여 예산 지원 확대 및 교육 활성화	1
8. 일정교육 후 해당기업에서 현장실습 후 취업 연계 13. 교육 후 취업 가능한 직종 개발하여 취업과 바로 연계	6. 교육 후 재교육 및 취업 연계의 사후 관리	2
9. 고령자 자원 재교육을 통한 업종 개발	7. 고령자 재교육을 통한 업종 개발	1
11. 취업에 필요한 소양 교육과 직능 교육으로 구분하여 교육	8. 직능 교육 뿐 아니라 소양교육도 병행 실시	3
12. 전담 기관 필요	9. 교육 프로그램을 위한 전담 기관 필요	1
14. 사업체 연계한 현장체험 위주의 교육이 필요	10. 사업체 연계한 현장 체험 위주의 교육이 필요	1

8. 우선적인 교육·훈련 분야와 교육·훈련 정도

문　　　항	빈　　도
1. 자격증 관련	1
2. 특수 영업직 및 서비스 직종	13
3. 소규모 창업 기술 교육	1
4. 컴퓨터 활용 교육	1
5. 특기 강사 양성	1
6. 소양 교육	4

9. 고령사회를 대비한 장기적 방안

문 항	개념화	빈도
1. 국민연금/노령연금으로 노후를 보장할 수 있는 공적보험 체계 완비	1. 공적 보험 체계 완비	1
2. 노동부와 복지부로 이원화되어 있는 구조를 단일화 3. 고령자 취업 전담기구 신설로 정책추진의 일관성·효율성 유지 10. 고령자 취업을 관리하는 행정기관의 통합 13. 부처간의 정보 공유와 협조체계 구축	2. 단일화된 기관 운영	6
4. 사회적 일자리 창출로 고령자 취업을 활성화	3. 사회적 일자리 창출 노력	2
5. 기업이 고령자 일자리를 자체적으로 창출토록 유도	4. 기업의 일자리 창출 노력	2
6. 고령인력 활용에 대한 사회적 인식 전환 홍보 8. 고령자에 대한 사회적 인식전환 홍보	5. 고령자 취업에 대한 사회적 인식 전환	2
7. 노인취업 관련 연구와 교육훈련에 필요한 예산 확보 11. 노인실태 파악(업무가 가능한 노인 및 일자리 욕구 등)	6. 고령자 취업에 대한 연구	1
9. 고령자의 사회참여 기회 확대	7. 고령자의 사회 참여 기회 확대	1
12. 법적으로 노인 직종 고시	8. 노인 직종을 법으로 고시	1
14. 고령자 채용업체에 대한 보장정책 강화와 실천 15. 일정매출 이상의 기업에게 노인 고용의무화 16. 기업의 재취업 프로그램 의무 실시 17. 정년 연장	9. 노인 채용에 대한 강력한 법적근거 마련과 시행	4

10. 우선적으로 해결해야 할 사항

문 항	개념화	빈도
1. 모든 기업이 임금피크제를 시행토록지원	1. 모든 기업에 임금 피크제 도입	2
2. 고령자로 운영되는 생산공장/사업장건설	2. 고령자 중심의 사업장 건설	1
3. 취업 전문교육기관 신설	3. 취업 전문 교육 기관 신설	1
4. 취업알선기관의 단일화 11. 실무기관의 통합 및 네트워크 구축	4. 고령자 취업 기관의 단일화	3
5. 취업 교육비의 확충	5. 교육 예산 확충	1
6. 고령인력 채용업체에 대한 장려금 제도의 현실화	6. 기업에 대한 장려금 제도 현실화	3
7. 고령자 채용의 성공사례 발표 / 채용 박람회 등 가시적 행사 적극 추진 12. 대대적 홍보	7. 고령자 채용 관련 행사 적극 유치로 대대적 홍보	3
8. 고령자 적합직종 연구·개발 기구 신설	8. 일자리 연구·개발 기구 신설	1
9. 기업별 퇴직자를 위한 재취업 교육 자체 실시 유도	9. 기업에서 퇴직자 재취업 교육	2
10. 고령자에 대한 사회적 인식 개선 (인사관련 담당자의 의식 개혁)	10. 사회적 인식 개선	3
13. 지역에서 가까운 곳에 일자리를 찾을 수 있도록 접근성 문제 해결 14. 고령자 근무지의 근무 환경 개선 15. 고령자가 불이익을 당했을 때 도와줄 수 있는 체계적인 대안 마련	11. 고령자의 취업 및 근무 환경 개선	3
16. 공공 기업에서 고령자 취업 우선 실시	12. 공공 기업에서 고령자 취업 우선 실시	1
17. 대기업에 일정비율로 노인 취업을 의무화	13. 대기업에 일정비율로 노인 취업을 의무화	1

● **지은이 프로필** ●

• 김대빈(金大彬)

   약 력

      육군 3사관학교 졸업
      한국 방송통신대학교 경제학과 졸업
      경희대학교 행정대학원 행정학 석사
      상명대학교 대학원 행정학 박사
      한국 실버마케팅 연구소 선임연구위원
      신흥대학 사회복지과 겸임교수

   주요 논저
      「남북한 사회보장제도의 통합방안에 관한 연구」
      「우리나라 고령자 고용활성화 정책에 관한 연구」

• 이금룡(李金龍)

   약 력

      연세대학교 인문대학 사회학과 졸업
      University of Texas at Austin 석사, 박사
      밝은 노후를 만들어 가는 사람들의 모임 공동대표
      상명대학교 실버마케팅연구소 소장
      상명대학교 가족복지학과 교수

   주요 논저
      『여가』 (공저)
      『노인과 자원봉사활동』 (공저)
      「한국노인의 사회활동 : 노년기 여가활동과 자원봉사활동을 중심으로」
      「연령별 노인에 대한 태도 비교를 통한 세대통합 프로그램의 전략적 방안모색」
      「Age at Migration and Family Dependency Among Older Mexican Immigrants」

      외 다수

고령자 고용활성화 전략

초판 인쇄	2005년 2월 25일
초판 발행	2005년 2월 25일
지 은 이	김대빈 · 이금룡
펴 낸 이	채종준
펴 낸 곳	한국학술정보㈜
	경기도 파주시 교하읍 문발리
	파주출판문화정보산업단지 526-2
	전화 031) 908-3181(대표) · 팩스 031) 908-3189
	홈페이지 http://www.kstudy.com
	e-mail(e-Book사업부) ebook@kstudy.com
등 록	제일산-115호(2000. 6. 19)
가 격	13,000원

ISBN   89-534-2339-2 93330   (Paper Book)
           89-534-2340-6 98330   (e-Book)